Pedagogia
de futuros

Guia teórico e prático de letramento
de futuros para instituições educativas,
empresas e governos

CB020781

KARINA NONES TOMELIN
THUINIE DAROS

Pedagogia de **futuros**

Guia teórico e prático de letramento de futuros para instituições educativas, empresas e governos

saraiva uni

Av. Paulista, 901, Edifício CYK, 4º andar
Bela Vista – São Paulo – SP – CEP 01310-100

SAC | sac.sets@saraivaeducacao.com.br

Diretoria executiva	Flávia Alves Bravin
Diretoria editorial	Ana Paula Santos Matos
Gerência de produção e projetos	Fernando Penteado
Gerenciamento de catálogo	Gabriela Ghetti
Edição	Paula Sacrini
Design e produção	Jeferson Costa da Silva (coord.)
	Alanne Maria
	Lais Soriano
	Rosana Peroni Fazolari
	Tiago Dela Rosa
	Verônica Pivisan
Planejamento e projetos	Cintia Aparecida dos Santos
	Daniela Maria Chaves Carvalho
	Emily Larissa Ferreira da Silva
	Kelli Priscila Pinto
Diagramação	OFÁ Design
Revisão	Lígia Alves
Capa	Lais Soriano
Produção gráfica	Marli Rampim
	Sergio Luiz Pereira Lopes
Impressão e acabamento	EGB Editora Gráfica Bernardi Ltda

DADOS INTERNACIONAIS DE CATALOGAÇÃO NA
PUBLICAÇÃO (CIP) DE ACORDO COM ISBD
ELABORADO POR ODILIO HILARIO MOREIRA JUNIOR - CRB-8/9949

T656p   Tomelin, Karina Nones

Pedagogia de futuros: guia teórico e prático de letramento de futuros para instituições educativas, empresas e governos / Karina Nones Tomelin, Thuinie Daros. – São Paulo : SaraivaUni, 2024.

il. , 336 p.

Inclui bibliografia.
ISBN 978-85-7144-237-5

1. Educação. 2. Estratégias pedagógicas. I. Daros, Thuinie. II. Título.

CDD 370
2024-210   CDU 37

Índices para catálogo sistemático:

1. Educação 370
2. Educação 37

CÓD. OBRA   721248   CL   651996   CAE   850601

Aos que acreditam no poder transformador da educação e têm coragem para imaginar, pensar e cocriar futuros melhores para si e para o planeta.

O futuro não é um lugar para onde estamos indo,
mas um lugar que estamos criando.
O caminho para ele não é encontrado, mas
construído, e o ato de fazê-lo muda tanto o
realizador quanto o destino.

Antoine de Saint-Exupéry

AS AUTORAS

Karina Nones Tomelin, educadora, psicóloga, pedagoga, mestre em Educação. Atuou da educação básica à pós-graduação na docência e em cargos de gestão em diferentes instituições. Desenvolveu projetos voltados à formação de professores e apoio ao estudante. Autora dos livros *+ 100 ideias inspiradoras para suas aulas* (2022), *100 ideias inspiradoras para suas aulas* (2021), ambos pela Editora Letramento, e coautora de *Aprendizagem digital* (2021), pela Editora Penso, *Mentores e suas histórias inspiradoras* (2021), pela Editora Leader, e *Layouts criativos para aulas inovadoras* (2023), pela B42. Idealizadora do Educabox, um aplicativo gratuito de microaprendizagens para docentes, atualmente é palestrante na área de tecnologias educacionais, metodologias ativas e pedagogia de futuros, sócia da B42, uma startup de tecnologia e design educacional, consultora educacional, professora dos cursos de pós-graduação da PUC-PR, Instituto Singularidades, Biopark, colunista da *Revista Ensino Superior* com o quadro *Docência no Divã* e conselheira na Abed (Associação Brasileira de Educação a Distância).

Thuinie Daros, graduada em Pedagogia e em Processos Gerenciais, especialista e mestre em Educação com MBA em gestão da aprendizagem, é Diretora de Metodologias e Aprendizagem na Vitru Educação (mantenedora da Uniasselvi e Unicesumar). Implementa modelagens pedagógicas inovadoras e atua como palestrante e facilitadora em workshops sobre temáticas que capacitam profissionais para a aplicação de metodologias ativas, criatividade, abordagens híbridas de educação, tecnologias educacionais e pedagogia de futuros. Autora dos livros *A sala de aula inovadora*; *A sala de aula digital*; e *Mentalidade criativa*, pela Editora Penso, e *Layouts criativos para aulas inovadoras*, pela B42. É colunista da Revista Ensino Superior e docente dos cursos de pós-graduação da PUC-RS e do Biopark.

PREFÁCIO

A educação tradicional é um salto de fé.

Ela, ao partir do pressuposto de que o futuro é um só, singular, previsível, emprega muito esforço para tentar antever o que alunos e alunas precisarão saber para contribuir com a sociedade na qual estarão inseridos quando saírem da instituição de ensino. Algo que durante tempos menos acelerados, com menos mudanças, talvez fosse fácil de fazer, mas que hoje não já não é trivial. Sabe-se que o mundo provavelmente será diferente de quando eles entraram, mas não se sabe como. Tal esforço de predição acaba se cristalizando em múltiplas novas metodologias de ensino e planos educacionais que competem entre si como a solução ideal. Sem saber ao certo como o futuro será, escolhemos uma e damos coletivamente um salto de fé em direção ao futuro, apesar das incertezas e dos riscos envolvidos ao fazer isso. Saltamos esperando que tenhamos tomado a decisão mais adequada. Esperando que tenhamos feito a previsão certa.

Essa educação ignora quem viverá o futuro: os próprios alunos e alunas. Ela considera que seus valores atuais serão os valores desses indivíduos. O que essas pessoas desejam é um problema secundário diante da previsão realizada, e então é negada a eles a possibilidade de construir alternativas. Tudo isso é feito com a melhor das intenções. A educação antevê o futuro para preparar e guiar. Para formar. Ironicamente, essa formação acaba não sendo apenas dos estudantes, mas do próprio futuro. Ao educar pessoas para terem melhores habilidades socioemocionais — afinal, precisamos lidar com o adoecimento psíquico da população que trabalha até a exaustão para sobreviver —, cria um futuro com pessoas mais preparadas para desempenhar os papéis que a sociedade espera delas. Sem reclamar. O foco em conhecimentos técnicos, vistos como cada vez mais necessários em um mundo mediado por tecnologias que permeiam (ou atravessam) nosso cotidiano, provavelmente reverbera em uma população mais capaz de desempenhar atividades que dependam de tais conhecimentos. Preparada para criar e usar mais dessas mesmas tecnologias.

A previsão se concretiza pela mão da própria previsora. Escolher educar tentando prever contribui para tornar real o que era provável. Quantos saltos de fé ainda seremos capazes de dar antes de a sociedade humana entrar em seu (cada vez mais provável) colapso? Queremos o provável ou queremos possibilidades alternativas?

Neste livro somos convidados a conhecer uma alternativa para a educação. Uma Pedagogia de Futuros. Uma pedagogia que não tenta competir com as outras, como a única ou a melhor, mas que faz uma ode às alternativas e à diversidade de pedagogias. Educar para futuros é reconhecer nossa agência e nossa capacidade de transformar a realidade. **Nosso** no sentido mais amplo da palavra. Dos educadores, dos estudantes, das escolas, das universidades, das empresas, dos conhecimentos, das tecnologias e de tudo o mais que compõe o nosso universo. É dar valor para o futuro, sim. Para cada um deles e para a soma deles. Afinal, dentro de futuros cabe cada futuro singular. E dentro da Pedagogia de Futuros cabem as demais pedagogias. Uma Pedagogia de Futuros que permite que nos tornemos agentes ativos na expansão do campo de possibilidades.

Escolher educar lidando com futuros contribui para que o possível se torne real. Isso tem implicações radicais. Que talvez, e só talvez, nos ajudem a ir à raiz do problema. Raymond Williams, um dos fundadores dos estudos culturais, afirma que "Ser verdadeiramente radical é tornar a esperança possível e não o desespero convincente". Em um mundo onde o provável nos assusta, a esperança possível (e daquilo que é possível) nos libertará. E, como Paulo Freire nos lembra, esperança pode ser verbo. Chega de saltar, vamos esperançar.

Kim Trieweiler
Pesquisador de futuros

SUMÁRIO

APRESENTAÇÃO

Por que esta obra foi concebida?

Imagine, por um instante, nossas intervenções pedagógicas como trampolins que impulsionam os estudantes a pensar criticamente sobre o futuro. É nosso papel encorajá-los a sonhar alto e nutrir suas esperanças e visões para um mundo melhor. Quais são os sonhos e aspirações de nossos alunos para o futuro? Quais são seus medos e preocupações?

É nesse contexto que *Pedagogia de Futuros: guia teórico e prático de letramento de futuros para instituições educativas, empresas e governos* foi concebido, apresentando uma perspectiva inovadora e significativa para a área da educação, em uma abordagem pedagógica que busca preparar os estudantes para enfrentar os desafios do futuro de maneira criativa e consciente.

Vamos explorar juntos o conhecimento deste livro e compreender como a Pedagogia de Futuros pode transformar o modo como pensamos, imaginamos e cocriamos o futuro.

Na primeira parte do livro, exploramos os conceitos fundamentais para o pensamento, a imaginação e a cocriação de futuros. Durante nossa imersão e aprofundamento nos estudos futuros, aprenderemos por que é crucial ter consciência sobre essa área do conhecimento, compreendendo que o letramento de futuros pode ser um recurso poderoso para transformar a educação. Além disso, mergulharemos no tema da imaginação de futuros, explorando diferentes perspectivas, tais como o futuro próximo e o superfuturo, e entendendo a relação do tempo com a psicologia humana.

Também trabalharemos o design especulativo e o *design fiction*, abordagens criativas que permitem a exploração de futuros possíveis e desafiam nossas suposições. O livro ainda introduz os conceitos de futuros ancestrais e de futuros do planeta, mostrando como devemos considerar a relação entre o ser humano e o meio ambiente em nossas visões de futuro.

Um tema fundamental presente em *Pedagogia de Futuros: guia teórico e prático de letramento de futuros para instituições educativas, empresas e governos* é a cocriação de futuros. Destacando o superpoder do design nesse processo, o livro explora diferentes estratégias pedagógicas para envolver os alunos na cocriação de futuros desejáveis.

A segunda parte da obra apresenta estratégias práticas para a implementação da Pedagogia de Futuros por meio de sequências didáticas detalhadas, fornecendo um guia para a aplicação dessas estratégias. Entre as diversas abordagens mencionadas estão o *backcasting*, a criação de capas de revista do futuro, a escrita de cartas para o eu do futuro e a exploração de pontos de vista sobre cenários ou artefatos futuros.

Nossa visão abrangente e abordagem prática do livro mostram meios para descobrir como a educação pode se adaptar aos desafios do futuro. O intuito é incentivar a repensar nossa maneira de ensinar e de aprender, capacitando os estudantes a se tornarem protagonistas de seus próprios futuros.

O objetivo deste livro é colaborar na preparação das gerações futuras para enfrentar um mundo em constante mudança e para criar futuros melhores para si e para o planeta.

Saiba a seguir como a modelagem do livro foi pensada e conecte-se com as etapas e elementos que comporão a jornada e a experiência de aprendizagem ao longo da leitura.

Inspire-se neste nosso manifesto da **Pedagogia de Futuros** e reconheça as bases e fundamentos que organizam este novo movimento educacional, que propõe reflexões e práticas aos profissionais atuantes na formação e no desenvolvimento humano.

Modelagem pedagógica para uma experiência significativa de aprendizagem

Quando optamos por desenvolver um material referencial para aplicação de uma Pedagogia de Futuros, nos perguntamos:

- **Como** vamos conceber esse livro?

- **Como** ajudaremos o nosso público a explorar de forma significativa o conteúdo proposto?
- **Qual** é a experiência de aprendizagem que queremos gerar?

A verdade é que passamos horas compartilhando ideias sobre como a obra poderia impactar a vida dos profissionais da educação e, de fato, ser promotora de desenvolvimento de competências e habilidades para crianças, jovens e adultos, mas também para educadores, que de forma prática possam ver a aplicação efetiva na sala de aula.

A Pedagogia de Futuros pode ser compreendida como uma abordagem teórico-prática de mobilização de conceitos, estratégias e recursos para desenvolver e potencializar experiências de aprendizagem focadas na promoção do letramento de futuros. Juntos é possível explorar uma nova maneira de encarar o ensino, capacitando nossos estudantes para enfrentar os desafios que o futuro reserva.

O letramento de futuros é a chave para que os estudantes se tornem protagonistas de suas próprias histórias. **Trata-se de desenvolver a capacidade de interpretar, imaginar e criar futuros possíveis, permitindo que eles tomem decisões informadas sobre o presente.** Preparar nossos jovens para essa aventura é um privilégio que temos como educadores.

Por sermos genuinamente professoras, somos movidas por um desejo maior de transformar a educação e acreditamos que, ao fornecer este conteúdo, contribuímos para disseminar uma metodologia poderosa, que transcende os espaços educativos e pode chegar aos profissionais que atuam em diferentes áreas, desde corporações, setor público, organizações não governamentais, consultorias, voluntariado, entre outras, servindo como fonte de inspiração para práticas que fomentem a conexão humana com seus projetos e sua existência futura.

Também buscamos nos conectar com nosso público por meio de conceitos, orientações, exemplos, histórias pessoais e profissionais com o objetivo de ampliar sua experiência de aprendizagem. Esses conteúdos serão sinalizados com os seguintes elementos:

Cápsula do futuro: essa chamada ao longo do texto funciona como um lembrete, anotação ou dica para aprofundamento dos estudos indicados no capítulo. Na cápsula você organiza ideias para, em um futuro próximo, continuar aprendendo para além do livro por meio de outras referências, tais como filmes, séries, documentários, outros livros, relatórios e muito mais.

 Mochila de memórias: conectar-se ao futuro é reconhecer seu passado. Para ajudá-lo a viajar conosco nas temáticas, convidamos você a reviver algumas memórias e a identificar como elas organizam nosso tempo presente e podem nos conectar com o assunto abordado.

 Alerta de sobrevivência: este elemento traz dicas e informações essenciais para você seguir sua jornada, compartilhando ideias, fundamentos e práticas imprescindíveis para sobreviver de maneira segura.

 Olha só!: o elemento "Olha só!" servirá para chamar a atenção para algo. Será comumente usado para apresentar adaptações, ampliações e outras indicações. Fique atento!

Além disso, o livro também conta com o **Oráculo de futuros**, um glossário disponibilizado ao fim do livro para consulta de termos que aparecem ao longo da leitura. O oráculo, que tudo sabe, não deixará que você siga em frente com dúvidas sobre o significado de um conceito.

Com a modelagem proposta, você conseguirá identificar tendências e desafios emergentes e convidar os estudantes a refletir sobre as mudanças que estão acontecendo ao nosso redor, bem como os desafios que a humanidade enfrenta. Essa perspectiva permitirá que eles antecipem possíveis cenários futuros e estejam preparados para tomar decisões informadas.

Além disso, nossa jornada é guiada pela cidadania ativa. Vamos inspirar nossos alunos a se tornarem agentes de mudança em suas comunidades e no mundo. Como podemos fazer a diferença? Como tornar o mundo um lugar melhor? Essas são questões que nossos jovens explorarão com nossos incentivos.

A Pedagogia de Futuros não se limita a uma disciplina específica: é, na verdade, uma abordagem flexível que pode ser aplicada em diversas áreas do conhecimento.

Se você estiver se perguntando "Como faço para aplicar essa abordagem em minha sala de aula?", não se preocupe: na última parte da obra, o repertório prático oferecerá diferentes estratégias para aplicação com foco em desenvolvimento de habilidades e competências relacionadas a letramento de futuros, observando as seguintes etapas:

- nome da estratégia;
- sistema de navegação;
- missão;
- tempo da missão;
- perfil dos tripulantes;
- artefatos;
- trajeto da missão;
- mapa da missão.

Junte-se a nós nesta jornada pela Pedagogia de Futuros e prepare-se para guiar seus estudantes, colegas, time e grupo de pessoas interessadas rumo a um amanhã cheio de possibilidades.

Vamos ajudar os estudantes a se tornarem cidadãos ativos e agentes de mudança, capazes de influenciar um futuro brilhante e promissor. O futuro está em nossas mãos, educadores, e juntos faremos a diferença! Vamos começar?

Siga em frente e descubra como você pode se tornar um catalisador de mudança nas vidas de seus estudantes. A Pedagogia de Futuros espera por você!

Manifesto: por uma Pedagogia de Futuros

> Eu gosto mais dos sonhos do futuro do que das histórias do passado.
>
> **Thomas Jefferson**

Novos cenários

Como os professores podem ajudar os estudantes a desenvolver a capacidade de pensar criticamente sobre o futuro? Como incentivá-los a imaginar futuros possíveis? Antes de imaginar futuros e conhecer estratégias para fazê-lo, vamos contextualizar o momento e os desafios que encontramos no presente, sobretudo para a educação.

As transformações pelas quais o mundo passou ao longo das últimas décadas trouxeram mudanças significativas ao campo educacional e aos atores pedagógicos envolvidos. O modo como os processos de aprendizagem vêm sendo interpretados e organizados, os novos recursos e o acesso à informação e ao conhecimento alteraram, inegavelmente, a estrutura do sistema educativo.

A complexidade de cenários, primeiro interpretada pela sigla VUCA, da tradução da língua inglesa, como Volátil, Incerto, Complexo e Ambíguo, e agora pelo BANI: Frágil, Ansioso, Não linear e Incompreensível, reforça a certeza de que o futuro será desafiador e diferente do que estamos acostumados.

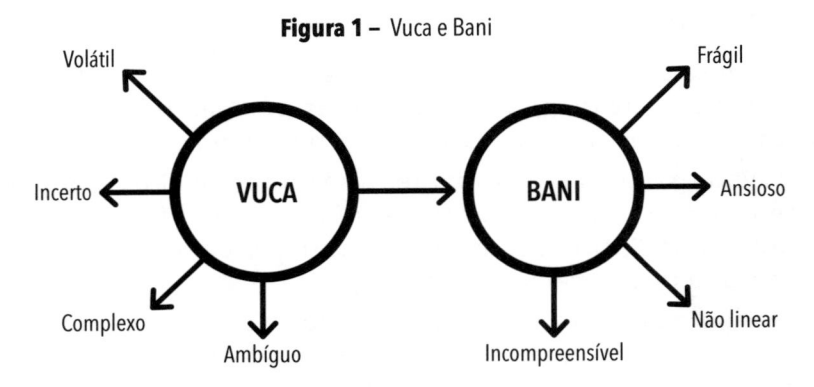

Figura 1 – Vuca e Bani

Do inglês:
Vuca: *Volatile, Uncertain, Complex, Ambiguous*
Bani: *Brittle, Anxious, Non-linear, Incomprehensible*

O aumento da expectativa de vida e a mudança provocada pela revolução digital nos obrigam a ressignificar a forma como lidamos com nosso trabalho, nosso aprendizado e nossos momentos de lazer. Trabalharemos por muito mais tempo ao longo da nossa jornada. Os tempos de lazer, férias e descanso estão cada vez menos lineares, e já sabemos que o aprendizado nos acompanhará em cada minuto da nossa existência.

Assim, o ciclo da vida vai muito além da compreensão de três grandes partes, em que destinamos os anos iniciais para a formação acadêmica, a fase intermediária para o trabalho e o fim para a aposentadoria e o descanso. Não estamos mais em uma linha reta, mas em um movimento que exigirá novas competências. Para Conrado Schlochauer (2021), atualmente estamos vivendo muito mais e o mundo está muito mais rápido, e assim o aprendizado é o único caminho para nos mantermos relevantes e ativos.

Para isso, no entanto, será necessário desconstruir algumas crenças, como a de que para aprender dependemos de que outra pessoa organize nosso aprendizado; a crença de que aprender é um mal necessário; e a crença de que o aprendizado informal é menos importante ou relevante e que aprender é a mesma coisa que adquirir conhecimento.

Neste cenário de rápidas transformações, nós, como educadores, somos capazes de criar um movimento que conecte mais os professores, gestores e estudantes com o que nos espera no futuro? Poderá a escola liderar esse movimento ou ela será refém de sua própria herança?

Em nossas palestras e interações com professores, costumamos refletir sobre o cenário atual e o passado da escola. Também é comum nos eventos pedagógicos surgirem, em projeções de apresentações de palestrantes, fotografias da escola, ou melhor, da sala de aula, ao longo dos séculos, e nem precisamos falar que é sempre igual: uma sala de aula com carteiras, alunos enfileirados e um professor à frente perto da lousa. Conforme a década ou mesmo o século da imagem apresentada, o que muda é a cor da fotografia, as roupas dos estudantes e professores ou o estilo dos móveis, mas a construção da sala de aula é a mesma.

Há, inclusive, uma anedota, que você já deve ter ouvido: se uma pessoa do século passado viesse à vida nos dias de hoje, reconheceria pouca coisa, mas se sentiria segura ao entrar em uma sala de aula. Pode até parecer engraçado, mas na verdade é bem preocupante.

Na condição de educadoras, acreditamos que podemos liderar um movimento capaz de impulsionar a **revelação de uma nova fotografia**. Por isso estamos aqui! Para juntos pensarmos, imaginarmos cenários possíveis para essa nova escola necessária e, mais do que isso, para criá-la.

O mundo e especialmente as instituições educativas estão passando por momentos de incertezas. Essa instabilidade, própria de contextos exponenciais como o que vivemos, não pode nos levar ao desânimo, à desesperança, devendo nos fortalecer e encorajar para a construção de novos caminhos. As instituições educativas como as conhecemos não pertencem mais a este tempo, apesar de desejarem se impor, arraigando em nosso imaginário seu passado e sua herança tradicional.

Não sabemos como será o futuro, mas já é claro para nós que o modelo que conhecemos não é suficiente para atender às demandas do cenário atual. Não se trata do fim dos professores, dos estudantes ou do papel social das instituições educativas; trata-se de uma reinvenção, de novas realidades, espaços e formas de aprender. Essa mudança está acontecendo, por isso precisamos compreendê-la e nos encorajar para construir juntos a mudança de que precisamos. É nesse contexto que propomos uma Pedagogia de Futuros.

A Pedagogia de Futuros faz parte de um movimento que visa preparar os professores e estudantes para os desafios e oportunidades de um mundo em constante transformação. Por meio do reconhecimento da necessidade de desenvolver habilidades, conhecimentos e perspectivas voltados para o letramento de futuros, propomos este manifesto para fundamentar uma pedagogia que seja relevante, inclusiva e preparatória para a **construção de futuros desejáveis** não só para as escolas, mas também para a sociedade.

Ser capaz de pensar e imaginar futuros é uma competência central para que possamos construir futuros possíveis. Na condição de educadores, é nossa responsabilidade geracional promover uma pedagogia que não somente prepare as novas gerações para o que está por vir, mas que possa torná-las protagonistas das suas escolhas, dos caminhos desejáveis de futuro, e capazes de cocriá-los juntos.

Acreditamos que isso só será possível por intermédio dos professores! Desejamos que eles sejam capazes de "libertar o futuro", promovendo uma pedagogia que permita aos estudantes desenhar e desejar futuros esperançosos e positivos neste planeta, futuros melhores. Para tanto, como descreve Nóvoa (2023), é fundamental também "libertar o futuro" dos próprios professores. Nós somos a geração que mudará as escolas. Mas como a imaginamos? Como a desejamos? O que esperamos dela? Este manifesto é um convite a você, educador, para que alimente seus desejos de futuros de mudança na educação, seja no ambiente formal da escola ou da universidade, seja nos espaços corporativos ou de gestão.

Em 2020, no cenário pandêmico de grandes transformações, o Fórum Econômico Mundial discutiu a necessidade de nos prepararmos melhor para as mudanças, sabendo intervir com prioridades, mudando a maneira como tomamos nossas decisões e especialmente nos mantendo mais informados sobre o futuro. Tudo isso exige novas habilidades que perpassam pela nossa capacidade de imaginar e criar futuros.

A escola cumpre vários papéis sociais, dentre eles o de alfabetizar suas comunidades. A alfabetização é um salto fantástico na vida de qualquer sociedade e de quaisquer sujeitos, tornando-os capazes de ler e escrever. Porém, quando pensamos nas transformações e na aceleração em que vivemos, prevendo a extinção de várias profissões, quais devem ser as nossas prioridades como educadores? O que realmente importa incluir no currículo escolar das crianças e jovens? Nos deparamos agora com um novo salto: alfabetizar a sociedade para ler e escrever o futuro, ou seja, ajudar a humanidade a imaginar, entender e criar futuros possíveis. E isso pode ser algo acessível e ampliado para todos nós.

Isso significa que podemos ser verdadeiramente protagonistas do nosso tempo, não compreendendo o futuro como uma simples continuidade do presente, mas percebendo que há futuros alternativos que podemos imaginar. Mais do que isso, podemos impulsionar nossa vontade de criar futuros desejáveis.

É dessa forma que estaremos preparando as novas gerações para interpretar, ler e compreender este mundo em constante transformação, uma vez que o trabalho pedagógico, por si só, pode ser definido pela imprevisibilidade. Nesse sentido, como docentes, somos capazes de dar respostas e de tomar decisões diante de diferentes situações. Há sempre uma dimensão de risco e incerteza na prática docente. Por isso, temos muito clara a importância do papel dos professores na promoção do letramento de futuros para apoiar nossos jovens nos desafios que enfrentarão ao longo da vida, a maioria dos quais desconhecemos.

A implementação da Pedagogia de Futuros, apesar de estar ancorada na visão educacional, extrapola as instâncias formais das instituições de ensino. É uma abordagem para ser utilizada em diferentes espaços em que haja aprendizado. E, para que possamos construir juntos uma Pedagogia de Futuros, estabelecemos algumas premissas que orientam nosso modo de pensar e fazer educação.

A Pedagogia de Futuros atende à necessidade urgente de transformar o mundo, pois é uma alternativa pedagógica capaz de habilitar os estudantes para lidar com crises potenciais, superar desafios globais e enfrentar a incerteza, as exponencialidades e a complexidade do mundo contemporâneo.

Convidamos você a conhecê-la e a se inspirar conosco para a construção deste movimento.

Construção da visão sistêmica de futuros

Reconhecemos que o futuro é complexo e interconectado. É por isso que a Pedagogia de Futuros deve adotar uma abordagem holística, que integre as dimensões sociais, ambientais, tecnológicas e econômicas do mundo contemporâneo. Precisamos ensinar aos estudantes a importância da visão de longo prazo, da sustentabilidade, da ética e do pensamento crítico, de forma a capacitá-los para compreender e enfrentar os desafios futuros.

Desenvolvimento das habilidades do século XXI

A Pedagogia de Futuros prioriza o desenvolvimento de habilidades do século XXI, que incluem a capacidade de pensar de maneira crítica e de colaborar, a criatividade, a comunicação efetiva, a capacidade de resolver problemas complexos e a adaptabilidade. Essas habilidades são essenciais para que os estudantes sejam protagonistas ativos na construção de seu próprio futuro e da sociedade em que vivem.

Aprendizagem ativa e contextualizada

A Pedagogia de Futuros incentiva a aprendizagem ativa e contextualizada, que promove a aplicação prática do conhecimento em situações reais. Os estudantes devem ser desafiados a resolver problemas reais, a trabalhar em projetos interdisciplinares e a estabelecer conexões entre os conteúdos curriculares e o mundo além da sala de aula. A aprendizagem baseada em problemas e o uso de tecnologias educacionais podem ser ferramentas poderosas nesse processo.

Educação inclusiva e equitativa

A Pedagogia de Futuros deve promover uma educação inclusiva e equitativa, que reconheça a diversidade de experiências, perspectivas e habilidades dos estudantes. Devemos criar ambientes de aprendizagem acolhedores, respeitosos e seguros, em que os estudantes tenham oportunidades iguais de desenvolvimento e participação. A educação precisa ser acessível a todos, independentemente da origem social, econômica, étnica, de gênero ou de habilidades.

Pensamento crítico e visão de longo prazo

A Pedagogia de Futuros estimula o pensamento crítico e a capacidade de análise profunda. Os estudantes são encorajados a questionar, investigar e examinar diferentes perspectivas e narrativas. Além disso, devemos ensiná-los a adotar uma visão de longo prazo, considerando as consequências de suas ações e decisões no futuro. A ética, a responsabilidade social e a consciência global devem ser valores fundamentais nessa abordagem.

Mentalidade criativa e resolutiva

Valorizamos a criatividade como competência essencial para enfrentar os desafios futuros. A Pedagogia de Futuros incentiva os alunos a questionar, analisar e avaliar informações, ideias e cenários, desenvolvendo sua capacidade de tomar decisões informadas e de propor soluções inovadoras para problemas complexos.

Educação para promoção da sustentabilidade

Reconhecemos a urgência de promover uma consciência ecológica e o desenvolvimento sustentável. A Pedagogia de Futuros enfatiza a importância de educar sobre os impactos das ações humanas no meio ambiente, bem como sobre as possibilidades de uma convivência harmoniosa e sustentável entre os seres humanos e a natureza.

Desenvolvimento das competências socioemocionais

Valorizamos o desenvolvimento das competências socioemocionais, como empatia, colaboração e liderança, que são fundamentais para uma participação ativa e construtiva na sociedade. A Pedagogia de Futuros busca promover o autoconhecimento e o bem-estar dos alunos, capacitando-os a estabelecer relacionamentos saudáveis, resolver conflitos de forma construtiva e contribuir para a construção de comunidades mais justas e solidárias.

Aprendizagem ao longo da vida

Reconhecemos que o conhecimento e as habilidades estão em constante evolução, e que a capacidade de aprender ao longo da vida é fundamental para enfrentar os desafios futuros. A Pedagogia de Futuros busca desenvolver nos alunos a autonomia e a motivação para a aprendizagem contínua, estimulando a curiosidade, a investigação e a busca de novos conhecimentos e experiências.

Promoção do letramento digital

Compreendemos o papel das tecnologias digitais como ferramentas poderosas para ampliar as oportunidades de aprendizagem e promover a criatividade e a colaboração. A Pedagogia de Futuros busca integrar de forma crítica e reflexiva as tecnologias no processo educativo, estimulando o uso responsável, ético e criativo das ferramentas digitais para a construção de conhecimento e o engajamento cidadão.

Valorização dos saberes ancestrais

Valorizamos o papel histórico e as origens dos povos que nos antecederam, resgatando seus saberes e conectando-os com o mundo em transformação. Reconhecemos sua importância, reforçando o exercício da alteridade e o respeito às diferentes culturas e formas de pensar. Compreendemos a concepção hierárquica de saberes historicamente construídos e motivamos a desconstrução de saberes únicos e inquestionáveis.

Escola protagonista da mudança

Reconhecemos que é papel da escola alavancar mudanças, reforçando os laços com a sociedade e renovando seu compromisso social na formação dos cidadãos comprometidos com o bem público. É preciso compreender seu significado na promoção da esperança de vida, estimulando o cuidado entre as pessoas e o planeta e reforçando seu papel de relação e de cura, na promoção de uma pedagogia do encontro.

Escola aberta

A defesa da escola aberta (*open schooling*) é decorrente da necessidade de conectar saberes, sejam eles formais, informais ou não formais. Podemos ampliar a aprendizagem em rede, cocriada, compartilhada, inovativa e responsável, para pessoas e comunidades em seus desafios locais e globais na criação de futuros melhores. Inovar na construção de futuros desejáveis será mais promissor se pessoas, parceiros e comunidades forem integrados, democratizando o conhecimento e aproximando a ciência com e para a sociedade.

Objetivos do Desenvolvimento Sustentável

Não haverá futuro se juntos não criarmos um desejo coletivo que garanta nossa vida no Planeta. Criar futuros perpassa pela missão de abraçarmos os dezessete Objetivos de Desenvolvimento Sustentável, tornando-os referências para nossas reflexões e práticas. Os objetivos não estão à margem, mas no centro do desafio de pensar e criar futuros para nossa comunidade local e global, para o indivíduo e para o mundo, movidos pela ética universal.

Karina Nones Tomelin e Thuinie Daros

Parte I

PENSAR, IMAGINAR E COCRIAR FUTUROS

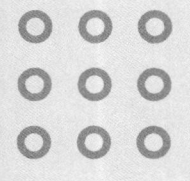

1

PENSAR FUTUROS

Por que pensar sobre futuros?

> A educação é o passaporte para o futuro, pois o amanhã pertence a quem se prepara hoje.
> **Malcolm X**

Você já parou para pensar no fato de as escolas oferecerem disciplinas para ensinar o passado, mas não o futuro? Reflita conosco!

Conforme a Lei de Diretrizes e Bases da Educação e seus adendos, o estudante da Educação Básica estuda, no mínimo, oitocentas horas anuais no Ensino Fundamental e mil horas no Ensino Médio, totalizando 10.020 horas em sua jornada estudantil (doze anos). Parte dessas horas é destinada às disciplinas de humanas, como História e Geografia.

As disciplinas dessa área visam desenvolver o raciocínio espaçotemporal, baseando-se na ideia de que o ser humano produz o espaço em que vive e se apropria dele em determinada circunstância histórica.

A capacidade de identificar essa circunstância impõe-se como condição para que o ser humano compreenda, interprete e avalie os significados das ações realizadas no passado, o que o torna responsável tanto pelo saber produzido quanto pelo controle dos fenômenos naturais e históricos.

Partindo dessa premissa e considerando que a carga horária apresentada (10.020 horas) representa o mínimo estabelecido pela lei e que a distribuição exata das horas entre as diferentes disciplinas pode variar de acordo com o sistema educacional e o currículo adotado pelas redes de ensino, supõe-se que hoje se oferta ao menos um quarto dessa carga horária total ao estudante para que ele seja capaz de compreender o percurso humano no espaço-tempo, ao longo dos anos dos Ensinos Fundamental e Médio.

Se compreender o passado é fundamental para sermos capazes de interpretar os eventos, ações e ideias com o intuito de ter clareza sobre o modo como as civilizações se constituíram e como enfrentaram os desafios que moldam o mundo em que vivemos no presente, por que não mostramos a mesma dedicação para ajudar os estudantes a pensar no futuro? Mais do que isso, por que não garantimos, em nosso currículo escolar obrigatório, disciplinas que tratam dos estudos futuros?

As decisões que moldarão o mundo em construção serão tomadas no futuro! É nesse horizonte que surgem as novas ideias, a imaginação e a inspiração para criar e inovar. É uma oportunidade para se preparar de maneira sólida, refletindo sobre as vontades e as vidas que as pessoas desejam ter nesse futuro próximo.

Falamos o tempo todo de uma "educação do futuro", do "professor do futuro", observamos uma série de escolas que se posicionam pedagógica e mercadologicamente como "escolas do futuro", mas o quanto estamos pensando e realmente promovendo o letramento de futuros nas instituições educativas?

Letramento de futuros

> Tudo aquilo que fizemos nos últimos milhares de anos deu nisso aqui. Agora é hora de pensar como mudamos isso.
>
> **Michell Zappa**
> *(futurista e CEO da Envisioning, uma consultoria global e descentralizada de estudos do futuro)*

O termo "futures literacy" (FL), em português letramento de futuros, foi cunhado por Sohail Inayatullah, um renomado futurista e pesquisador que passou a usar "letramento de futuros" em vez de "alfabetização de futuros" como uma extensão da discussão sobre a compreensão entre alfabetização e letramento. Enquanto alfabetização é o processo de decodificar o código da escrita, ou seja, de realizar a leitura das palavras, o letramento, um processo mais amplo, refere-se à capacidade de usar a linguagem escrita exercendo sua função social.

Embora possamos encontrar termos diferentes, "letramento de futuros" ou mesmo "alfabetização de futuros" são utilizados para referir-se à **habilidade que possibilita que as pessoas compreendam e levem em consideração o papel do futuro no que realizam na atualidade**. Essa ideia, divulgada pela UNESCO, compreende o futuro como uma possibilidade e não necessariamente uma previsão.

Ser considerado fluente em futuros significa ter a capacidade de pensar sobre eles, imaginá-los e criá-los no presente. Implica o processo de transformação da realidade direcionando esforços para a construção do cenário possível e desejável.

Além disso, em 2020 o letramento de futuros foi apontado como a principal habilidade para lidar com o mundo pós-pandêmico em um artigo publicado no site do Fórum Econômico Mundial:

> ... ao enfrentar os maiores problemas do mundo, precisamos mudar a maneira como tomamos decisões e nos tornamos mais informados sobre o futuro. [...] Alfabetização de futuros, antecipação, pensamento sistêmico e previsão estratégica são habilidades cada vez mais essenciais (Fórum Econômico Mundial, 2020, p. 1).

Para ampliar a compreensão, podemos afirmar que o letramento de futuros é a capacidade de compreender conscientemente o papel que pensar no futuro desempenha no presente, envolvendo o desenvolvimento de habilidades antecipatórias e imaginativas para a construção de futuros desejados.

Corroborando a reflexão, a própria UNESCO (2022) estabelece que "Ser alfabetizado sobre o futuro fortalece a imaginação, aumenta nossa capacidade de preparar, recuperar e inventar à medida que as mudanças ocorrem".

Para Riel Miller (2018, p. 16), atualmente chefe de *Futures Literacy* na UNESCO, ser alfabetizado em futuros significa que:

> ... adquiriu as habilidades necessárias para decidir por que e como usar sua imaginação para introduzir o futuro inexistente no presente. Essas atividades antecipatórias desempenham um papel importante no que as pessoas veem e fazem. O desenvolvimento de uma descrição detalhada dessa capacidade de "usar o futuro" exige uma estrutura analítica que possa esclarecer a natureza dos diferentes sistemas antecipatórios e orientar tanto a pesquisa sobre FL quanto sua aquisição como uma habilidade (tradução livre).

Alfabetização de futuros ou *futures literacy*, estudos de futuros ou *futures studies*, aprendizagem prospectiva ou *foresight learning*, pensamento de futuros ou *futures thinking* são outras maneiras (e existem mais) que fazem parte de uma abordagem na qual se estuda o movimento das mudanças com foco na preparação para o futuro.

Inclusive, há organizações como a World Futures Studies Federation, cuja abordagem considera o estudo de futuros uma ciência interdisciplinar e que o define como um campo de pesquisa, que auxilia na criação de cenários futuros a partir de uma análise baseada nos estudos da atualidade capazes de criar panoramas possíveis e/ou desejáveis.

Sermos fluentes em futuros significa nos tornarmos arquitetos visionários, capazes de projetar e construir o amanhã com nossas próprias mãos, no presente. Essa habilidade é mais do que apenas prever o que está por vir; trata-se de sermos protagonistas ativos da nossa própria história, influenciando um futuro promissor e desejável.

Em um mundo em constante transformação e repleto de incertezas, a fluência em futuros tornou-se uma competência essencial para lidar com toda a complexidade do século XXI. Dessa forma podemos enfrentar os desafios e abraçar as oportunidades que nos aguardam.

Ao nos tornarmos fluentes em futuros, nos tornamos artesãos de cenários futuros. Essa arte nos capacita a enfrentar desafios com criatividade, encontrando soluções inovadoras para os problemas que surgirem.

Mas a verdadeira transformação ocorre quando nos tornamos agentes de mudança. Não podemos esperar que o futuro simplesmente aconteça; devemos ser protagonistas ativos na sua criação. Trabalhando em conjunto, podemos forjar um futuro mais justo, sustentável e próspero para toda a humanidade.

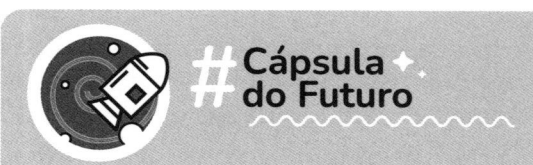 

Acesse o link ou o QR code e assista ao vídeo *Transforming the Future*: Anticipation in the 21st Century, divulgado pela UNESCO (Transformando o Futuro: Antecipação no Século 21). Neste vídeo você terá acesso a diferentes visões de estudiosos de todo o mundo sobre o que significa usar o futuro.

http://tinyurl.com/3pn8628m

Ao pensar futuros nas instituições educativas, podemos desenvolver uma mentalidade de antecipação, adaptabilidade, inovação e preparação para enfrentar as transformações que podem ocorrer. Essa prática também nos permite refletir sobre as implicações éticas, sociais e culturais das mudanças, garantindo que estejamos criando futuros desejáveis e sustentáveis. De acordo com o já mencionado texto da UNESCO,

> Antecipar futuros é algo que fazemos o tempo todo como seres humanos. As ideias sobre o futuro desempenham um papel importante no pensamento, na política e nas práticas educacionais. Elas definem tudo, desde a tomada de decisões cotidianas dos estudantes e famílias até os grandes planos de mudança educacional desenvolvidos nos ministérios da Educação (UNESCO, [2023], p. 21).

Esse é exatamente o ponto! Ao promover o letramento de futuros, estamos desenvolvendo a capacidade de **antecipar, analisar tendências** e **pensar futuros**, avaliar seu impacto potencial e agir de modo informado e estratégico, o que significa ir além da simples previsão ou adivinhação e se concentrar na compreensão dos fatores e processos subjacentes que moldam as possibilidades futuras.

Esse tipo de consciência e prática escolar incentiva o pensamento crítico, a imaginação especulativa e a reflexão sobre valores e objetivos pessoais e coletivos, promove a consciência das interconexões globais, a compreensão das complexidades sistêmicas e a capacidade de lidar com ambiguidades e paradoxos.

Promover o letramento de futuros requer a prática do *futures thinking* (FT), em português, pensamento de futuro. Trata-se de uma abordagem que visa explorar possíveis futuros e suas implicações, a fim de informar a tomada de decisões no presente.

A aplicação do *futures thinking* consiste em alguns elementos, tais como:

- **Definir o escopo:** identificar a questão ou o desafio específico para o qual você deseja aplicar o *futures thinking*. Isso pode estar relacionado a um projeto, a uma organização ou a uma área de interesse.
- **Coletar informações:** realizar pesquisas abrangentes para coletar informações relevantes sobre o tema em questão ou o contexto de criação. Nesse exercício vale a exploração de tendências, dados demográficos, tecnologias emergentes, mudanças sociais, econômicas e políticas, entre outros fatores que possam influenciar o futuro.
- **Identificar drivers de mudança:** identificar os principais drivers de mudança que podem ter um impacto significativo no futuro. Esses drivers podem ser tecnológicos, ambientais, sociais, políticos, econômicos ou culturais. Considere diferentes cenários possíveis com base nessas mudanças.
- **Criar cenários futuros:** com base nos drivers de mudança identificados, existe a possibilidade de criar uma série de cenários futuros plausíveis. Esses cenários devem representar diferentes combinações de eventos e condições que poderiam ocorrer. Certifique-se de considerar tanto os cenários desejáveis quanto os indesejáveis.
- **Estabelecer ações no presente:** com base nas análises e estratégias desenvolvidas, poderão ser adotadas medidas no

presente visando à preparação para diferentes futuros. Isso pode envolver ajustes nas políticas, investimentos em pesquisa e desenvolvimento, treinamento de pessoal, colaboração com outras partes interessadas ou qualquer outra ação que seja apropriada para lidar com as implicações futuras.

Vale considerar que o futuro é fluido e está sempre mudando. Portanto, é essencial monitorar continuamente os drivers de mudança e revisar os cenários e estratégias à medida que novas informações e insights surgirem no momento de cocriação.

Como se pode perceber, o *futures thinking* é uma abordagem que não prevê o futuro de forma precisa, mas ajuda a expandir a compreensão e a considerar uma variedade de possibilidades. Ele fornece uma base sólida para a tomada de decisões informadas e estratégias adaptativas.

Pensar sobre futuros requer fomentar o letramento de futuros para todos os estudantes. E que tal explorarmos maneiras empolgantes de mobilizar o pensamento a fim de promover o letramento de futuros?

Pensar envolve o uso da mente para processar informações, analisar conceitos, fazer conexões lógicas e formar ideias. É um processo mais racional e consciente, baseado em conhecimentos prévios, experiências passadas e informações disponíveis no momento. Quando pensamos sobre o futuro, podemos **considerar possíveis cenários, tomar decisões** e **planejar ações** com base nas informações e nas expectativas que temos.

Já a possibilidade de imaginar futuros, tema que veremos em breve, envolve a capacidade de criar mentalmente cenários, situações ou possibilidades que ainda não aconteceram. É um processo criativo, intuitivo e muitas vezes especulativo. A imaginação nos permite explorar diferentes hipóteses, visualizar cenários alternativos e antecipar possíveis resultados. É uma forma de simular mentalmente o que poderia acontecer no futuro, sem necessariamente se basear em fatos ou informações precisas.

Vamos praticar o pensamento de futuros?

Imagine que você é uma pessoa adulta, de classe média e vive no ano de 1900.

Agora, em uma folha de papel, descreva como seria a sua visão de futuro para o marco temporal dos anos 2000.

Na verdade, hoje é bem difícil pensar como as pessoas dos anos 1900 projetavam o futuro, porque, apesar de todas as transformações que elas vivenciaram naquele período, muitas outras coisas mudaram com o passar dos anos.

Selecionamos duas imagens que trazem representações de como as pessoas imaginavam o ano 2000 quando viviam o marco temporal de 1900. O objetivo desta prática é refletir sobre como o **pensar futuros no presente** influencia a capacidade de **criar elementos para o futuro.**

As ilustrações futuristas foram criadas por artistas franceses. A primeira série destas imagens foi produzida para a Exposição Universal de 1900, realizada em Paris. Elas só obtiveram maior destaque após a publicação do livro *Futuredays*: uma visão do século XIX do ano 2000, de Isaac Asimov, em 1986.

Apesar de os artistas não terem acertado totalmente como o futuro seria, as imagens evidenciam os sinais fracos de ideias de futuro de pessoas na época, e certamente influenciaram a criação dos elementos, ao mesmo tempo que representavam comportamentos próprios do período histórico.

Vamos começar! A primeira imagem representa diferentes tecnologias para apoiar bombeiros que combatem um incêndio. Perceba que as asas com um motor acoplado sugerem a possibilidade de dar maior celeridade e amplitude à visão, gerando mais assertividade na perseguição de criminosos.

Figura 2 – Recursos usados para apagar incêndios.

Fonte: The Public Domain Review (2024).

Vale considerar que foi somente em 1938 que o alemão Anton Flettner criou o primeiro helicóptero funcional. Já as armas mais sofisticadas, câmeras e drones são criações mais recentes que, além de outros usos, integram o arsenal tecnológico com a mesma finalidade de combate ao crime.

Agora, olhe novamente a imagem e pense **sobre o que você não vê representado**.

Fizemos o exercício e percebemos alguns pontos:

1 Não vemos mulheres ou nenhum tipo de diversidade étnica representadas como policiais.

2 Os uniformes continuam com a marca do momento histórico, sem evolução protetiva.

3 As armas não evidenciam maior alcance, não contemplam câmeras e outras funcionalidades.

4 Há pouca ocupação do espaço em se tratando de urbanização.

E você, o que não vê?

Vamos analisar outra imagem! Esta representação indica como uma pessoa vivendo em 1900 imaginaria a faxina residencial realizada no ano 2000. Perceba a tecnologia sinalizada para apoio na limpeza. Temos um mecanismo (uma espécie de cabo) que é acionado pela profissional, que com isso realiza duas ações: varrer e passar o pano. A criação foi intitulada *Electric Scrubbing* (esfregação elétrica).

Figura 3 – Dia de faxina.

Fonte: The Public Domain Review (2024).

É importante lembrar que no século XIX já havia as primeiras ideias de eletrodomésticos para ajudar na limpeza da casa. O inventor do aspirador de pó, por exemplo, Ives McGaffey, construiu em 1869 um aparelho usando madeira e lona e com funcionamento manual. É por isso que observamos um tipo de cabo manual na mão da profissional. Em 1901, Hubert Cecil Booth, um inglês, se baseou nos aparelhos existentes para criar outra versão mais eficiente, com capacidade de aspirar o pó diretamente. Seu aspirador de pó foi chamado de *Puffing Billy* e, inicialmente, funcionava com motor a óleo.

Agora vamos repetir o exercício anterior e olhar novamente a imagem com o objetivo de identificar os elementos que **você não viu representados**.

Fizemos novamente o exercício e percebemos alguns pontos:

1 O uniforme da profissional de limpeza segue inalterável e não é apresentado de modo mais eficiente e prático.

2 Seguimos com a representatividade feminina para uma posição ligada à limpeza.

3 O interior da casa não sofreu alterações de mobiliário, por exemplo, uma cortina mais moderna ou enfeites mais "futurísticos".

 # Cápsula do Futuro

Quer fazer esta mesma atividade com seus estudantes? Ou mesmo conhecer outras imagens da Exposição Universal de 1900, realizada em Paris? Acesse o link ou o QR code e conheça outras representações.

https://tinyurl.com/3xuf3vsm

Trouxemos este rápido exercício para você compreender que pensar sobre futuros começa pelo questionamento das imagens preexistentes que temos em relação ao futuro. Esse processo amplia nossa visão e cria novas possibilidades. A capacidade de identificar os sinais de mudança e de imaginar futuros que inspiram esperança e incentivam a colaboração é essencial para expandir o conhecimento, a imaginação e a ação das pessoas.

Pensar futuros requer ter a clareza do que é a diferença entre **predição, previsão e opinião**! Entre esses conceitos existem diferenças relevantes. Mas vamos explicar cada um deles de forma mais objetiva:

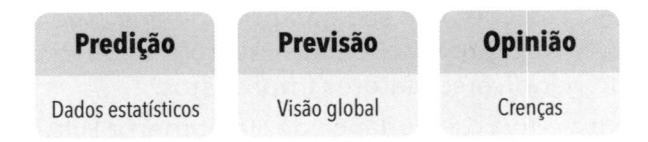

Predição	**Previsão**	**Opinião**
Dados estatísticos	Visão global	Crenças

- **Predição:** a predição envolve fazer afirmações sobre eventos futuros com base em análises e modelos estatísticos. Trata-se de uma estimativa do que pode acontecer, usando como base dados históricos e tendências. No entanto, as predições não são garantias absolutas e estão sujeitas a incertezas.
- **Previsão:** a previsão é semelhante à predição, mas envolve uma análise mais abrangente de vários fatores, como economia, política, sociedade e tecnologia. Ela é usada para orientar estratégias e tomadas de decisão em diferentes áreas. Assim como as predições, as previsões não são precisas com certeza absoluta e podem variar em termos de acerto.
- **Opinião:** a opinião é baseada nas crenças, percepções e julgamentos pessoais, e não necessariamente em análises quantitativas. Ela reflete a visão subjetiva de um indivíduo ou grupo sobre o que pode acontecer no futuro. As opiniões podem ser influenciadas por valores, experiências pessoais e intuição, mas são menos confiáveis do que predições e previsões baseadas em dados.

É importante lembrar que tanto as predições quanto as previsões são ferramentas úteis para entender o futuro, mas não podem prever com certeza absoluta o que acontecerá. **O futuro sempre estará sujeito a diversos fatores imprevisíveis.** Portanto, é necessário interpretar as predições e previsões com cautela, considerando a incerteza inerente ao estudo do futuro.

Especificamente sobre o mapeamento de predições com base no campo dos estudos de futuros, para gerar algum mapa de tendências, por exemplo, existe o exercício da captura de sinais fracos e fortes sobre determinado assunto. O mapeamento de sinais fracos e fortes é uma técnica utilizada para identificar e analisar indícios ou tendências que possam fornecer insights sobre possíveis cenários futuros, que podem vir de diversas fontes, como dados estatísticos, pesquisas, observações de especialistas, notícias, mídias sociais e outros.

As predições podem ser feitas em vários campos, como economia, educação, ciência e clima. No entanto, é importante ressaltar que as predições não são garantias de que algo acontecerá exatamente como previsto, pois o futuro é incerto e pode ser influenciado por diversos fatores imprevistos.

Observe a curva da mudança de Heinomen e Hiltunen (2012).

Figura 4 – Curva da mudança.

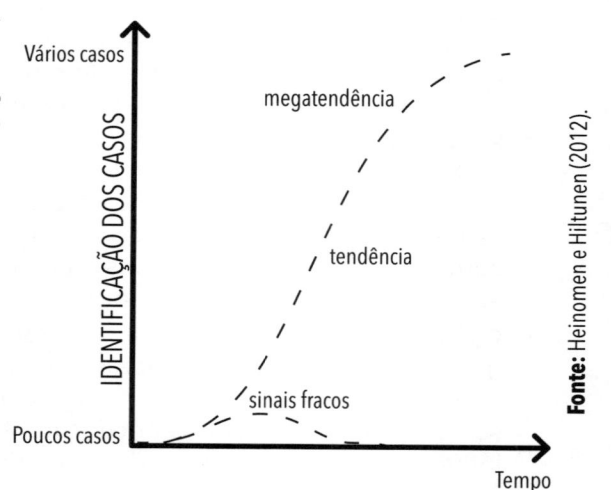

"Sinais fracos referem-se à simples **observação de descontinuidades ou mudanças de algo**. Você percebe alguma coisa, mas não sabe o que significa e de onde vem.

Existem diferentes **estágios de sinais**. A intensidade do sinal aumente quanto mais sabemos sobre o contexto do qual surgiu.

Depois de entender as **forças** que levaram à mudança, sua evolução ao longo do tempo e a direção da mudança, o sinal fraco fica mais forte, **resultando em uma tendência** observável."

Fonte: Heinomen e Hiltunen (2012).

Perceba que os sinais fracos se referem a informações ou eventos que podem passar despercebidos ou não ser amplamente reconhecidos no momento, mas são capazes de indicar mudanças ou tendências emergentes.

Eles são como pontos de interrogação que merecem atenção, pois podem indicar possíveis futuros alternativos. Esses sinais podem ser sutis, fragmentados, e muitas vezes não parecem estar relacionados de forma clara. A captura desses sinais envolve um processo de coleta e análise cuidadosa de informações, buscando identificar padrões, conexões ou mudanças significativas.

Já **os sinais fortes** são eventos, dados ou tendências mais estabelecidos e amplamente reconhecidos, que indicam uma direção mais clara e definida. Eles são informações mais evidentes e que podem ser amplamente observadas e compreendidas. Os sinais fortes são úteis para confirmar e reforçar tendências existentes, fornecendo uma base sólida para análises de futuros.

#Cápsula do Futuro

Um livro muito interessante que coleciona histórias de empreendimentos surgidos a partir de cenários desafiadores é *Oportunidades disfarçadas*: histórias reais de empresas que transformaram problemas em grandes oportunidades, de Carlos Domingos (Rio de Janeiro: Sextante, 2009). O autor selecionou casos de mais de duzentas empresas pelo mundo que enxergaram oportunidades de negócios onde ninguém mais viu.

A captura de sinais fracos e fortes nos estudos de futuros envolve uma abordagem sistemática de coleta, análise e interpretação de informações. Por meio da identificação e da compreensão desses sinais, os pesquisadores e especialistas em futuros podem construir narrativas e cenários que ajudem a compreender possíveis trajetórias futuras e a tomar decisões informadas.

É importante diferenciar entre **predição**, **previsão** e **opinião** ao analisar informações. As predições e previsões podem ser úteis para entender possíveis cenários futuros com base em informações disponíveis, enquanto as opiniões podem fornecer insights sobre as perspectivas individuais, mas devem ser avaliadas com cautela, considerando a subjetividade envolvida.

Por outro lado, uma **opinião é uma expressão subjetiva**, baseada em crenças, valores, experiências pessoais e perspectivas individuais. As opiniões podem variar de uma pessoa para outra em relação aos mesmos fatos ou situações. Elas não estão necessariamente ancoradas em dados concretos ou em uma análise rigorosa, refletindo o ponto de vista pessoal do indivíduo.

Vamos dar um exemplo sobre a **opinião**.

Em 2017, Steve Jobs anunciou o lançamento do primeiro iPhone. O telefone não tinha *flip* nem teclado e como novidade exibia uma tela grande que podia ser acessada com uma caneta. Na época era completamente diferente dos celulares disponíveis no mercado.

O iPhone foi apresentado como uma verdadeira revolução, reportagem de capa das maiores revistas do mundo. E, como qualquer supernovidade, gerou uma série de opiniões diferentes.

Seth Porges, diretor, produtor, jornalista e comentarista de televisão americano, bastante respeitado, emitiu uma **opinião** sobre o lançamento do iPhone em 2007. Em uma matéria que abordava o tema "futuro da tecnologia", Seth Porges mencionou que o aparelho da Apple havia sido anunciado sem que estivesse totalmente pronto, afirmando que a tela sensível ao toque seria inútil.

> Nós prevemos que o iPhone vai ser um fracasso [...] Esse teclado virtual será tão útil para escrever e-mails e mensagens de texto quanto um telefone de disco. Não se surpreenda se uma parcela considerável de compradores de iPhone expressarem algum remorso por terem trocado seus *Blackberries* quando eles gastarem uma hora a mais ao dia para enviar e-mails (Klopper, 2017).

Vamos contextualizar!

Antes da chegada do iPhone, a maioria das pessoas tinha um Nokia. Nesse celular, o teclado ficava acoplado ao próprio aparelho, e com isso a tela de uso era menor. O Nokia 3310 marcou época e ganhou fama de indestrutível, por exemplo. Para que você rememore, veja a imagem de um celular que tínhamos em 2007.

Figura 5 – Nokia 3310.

Fonte: *Getty Images, 2024.*

Lembrou? Era o famoso "tijolão". Esses aparelhos não tinham muitos recursos, mas fascinavam com suas funcionalidades até então inovadoras e passatempos viciantes, como o jogo da cobrinha. Nós tivemos um, e você? A menos que seja muito jovem, provavelmente também teve. Perceba que, independentemente da opinião de Seth Porges ser aceitável ou não, se concretizar ou não, foi a opinião dele na época.

Acesse o link ou o QR code para ver o vídeo de Steve Jobs apresentando o celular mais icônico de todos os tempos, aquele que deu o primeiro passo para transformar a Apple em uma das maiores empresas da área de tecnologia.
http://tinyurl.com/yh7xde74

Vamos praticar para ver a diferença? Analise as informações a seguir e indique se são predições ou opiniões.

CASO 1: Declaração de Ricardo Ojima

> "No momento, os adultos representam a maior parte da população brasileira. Futuramente, haverá mais idosos. Os custos com saúde, remédios e previdência vão ser bem maiores." — Ricardo Ojima, professor de Demografia da Universidade Federal do Rio Grande do Norte

Você acredita que a declaração do professor Ricardo Ojima é uma opinião ou uma predição?

Se você optou por predição, acertou. Obviamente temos uma declaração emitida com base na publicação de dados, informações, e por isso podemos categorizá-la como uma predição.

CASO 2: Declaração de Margaret Thatcher, em 1969

> "Passarão anos — não será no meu tempo — antes que uma mulher se torne primeira-ministra." — Margaret Thatcher, 1969

Você acredita que a declaração de Margaret Thatcher foi uma opinião ou uma predição?

Se você respondeu opinião, acertou. Obviamente temos uma declaração baseada na leitura da realidade do momento, mas não necessariamente emitida com base em dados, por isso podemos afirmar que se tratava de uma opinião. Inclusive, Thatcher foi a primeira mulher a se tornar primeira-ministra britânica. Com o mandato mais longo do século xx no país, de 1979 a 1990, ela ficou conhecida pelas políticas duras de cortes de gastos e pelo estilo autoritário.

CASO 3: Declaração do SESI, em 2029

Agora, analise este último exemplo. Trata-se de uma declaração realizada pelo SESI, em 2019, em uma reportagem em relação ao uso da inteligência artificial (IA) na educação.

Adaptado de: https://www.ap.sesi.org.br/noticias/inteligencia-artificial-nas-escolas-estudo-aponta-
-ferramentas-que-serao-usadas-ate-2030.html.

Você acredita que a declaração do SESI foi uma opinião, uma predição ou uma previsão?

Simples! Trata-se de uma previsão. Inclusive, se você ler a reportagem na íntegra, verificará que a declaração foi embasada em uma pesquisa de caráter prospectivo com o objetivo de identificar e descrever as tendências mundiais em tecnologias baseadas em IA para a educação no período de 2017 a 2030.

E não é que já estamos usando mesmo?!

Se ficou interessado em conhecer a pesquisa "Tendências em inteligência artificial na educação no período de 2017 a 2030" na íntegra, acesse o link.

http://tinyurl.com/hf738d28

Agora, veja mais alguns exemplos de pessoas importantes que lançaram opiniões sobre o futuro e falharam:

"Viagens em trens de alta velocidade são impossíveis, pois os passageiros, sem poder respirar, morrerão asfixiados."

Dr. Dionysys Larder, acadêmico e cientista, em 1828

"O cavalo veio para ficar. O automóvel é apenas uma novidade passageira."

O presidente do Banco Michigan Savings, aconselhando Horace Rackham, advogado de Henry Ford, a não investir na Ford Motor Company, em 1903

"Quando chegar a era dos aparelhos sem fio, não haverá mais guerras, pois elas seriam desnecessariamente ridículas."

Guglielmo Marconi, físico e inventor italiano, em 1912

"Um foguete nunca será capaz de deixar a atmosfera da Terra."

Dr. Dionysys Larder, acadêmico e cientista, em 1828

"Nós prevemos que o iPhone vai ser um fracasso."

Techcrunch, veículo de notícias sobre tecnologia, produtos, sites e empresas, em 2007

"Não há razão para que um indivíduo tenha um computador em casa."

Ken Olson, presidente da Digital Equipment Corporation, durante reunião da World Future Society em 1977

"O uso do Twitter para comunicação inteligente é tão provável quanto ligar o rádio na Faixa Cidadão e ouvir a Ilíada."

Bruce Sterling, escritor de ficção científica, no New York Times, em 2007

"Esse teclado virtual será tão útil para escrever e-mails e mensagens de texto quanto um telefone de disco. Não se surpreenda se uma parcela considerável de compradores de iPhone expressarem algum remorso por terem trocado seus Blackberries quando eles gastarem uma hora a mais ao dia para enviar e-mails."

Seth Porges sobre o iPhone, em 2007

"Não há a menor indicação de que a energia [nuclear] será obtida um dia."

Albert Einstein, em 1932

"Antes que o homem chegue à Lua, a correspondência será entregue em poucas horas por mísseis guiados de Nova York à Califórnia, à Grã-Bretanha, à Índia ou à Austrália."

"Aspiradores movidos a energia nuclear provavelmente serão uma realidade em dez anos."

Arthur Summerfield, diretor-geral do Correio dos EUA, em 1959

O presidente da empresa de aspiradores Lewyt Corp, em 1955

Como adoramos tecnologias, resolvemos perguntar para o ChatGPT se ele poderia nos fornecer exemplos para diferenciação de predição, previsão e opinião. A resposta foi a seguinte:

Certamente! Vou fornecer uma diferenciação entre previsão, predição e opinião, juntamente com exemplos relacionados aos estudos de futuros:

Previsão:

A previsão se refere a uma estimativa ou projeção baseada em evidências ou padrões passados para antecipar eventos futuros. As previsões geralmente são feitas com base em dados e análises de tendências, usando métodos estatísticos, modelos matemáticos ou algoritmos. As previsões são frequentemente usadas em várias áreas, como economia, ciência, clima e negócios.

> **Exemplo:** "Com base nas taxas de crescimento populacional dos últimos anos, estima-se que a população mundial alcance 10 bilhões de pessoas até o ano de 2050."

Predição:

A predição é uma forma específica de previsão que envolve a identificação de resultados futuros com base em padrões, relações de causa e efeito ou modelos estabelecidos. Geralmente, as predições estão relacionadas a eventos mais específicos e podem ser apoiadas por evidências científicas ou teorias bem fundamentadas. As predições podem ser usadas em vários campos, como tecnologia, medicina e esportes.

> **Exemplo:** "Os cientistas preveem que a próxima geração de smartphones terá recursos de inteligência artificial integrados, capazes de realizar tarefas complexas de forma autônoma."

Opinião:

A opinião é uma expressão subjetiva de uma crença, ponto de vista ou avaliação pessoal sobre um assunto ou evento futuro. Diferentemente das previsões e predições, as opiniões não são baseadas em evidências objetivas ou análises sistemáticas. Elas refletem os sentimentos, preferências ou julgamentos individuais de uma pessoa e podem variar amplamente de uma pessoa para outra.

> **Exemplo:** "Na minha opinião, os carros voadores se tornarão uma realidade comum em um futuro próximo, transformando o modo como nos deslocamos."

> É importante ressaltar que as previsões e predições estão mais fundamentadas em dados, análises e métodos objetivos, enquanto as opiniões estão mais relacionadas às perspectivas pessoais e subjetivas das pessoas. Os estudos de futuros podem se beneficiar da combinação de previsões fundamentadas e opiniões informadas para uma compreensão mais abrangente das possibilidades futuras.

Agora que você entendeu a importância desses conceitos, voltemos à discussão sobre pensar futuros. No passado, invenções como inteligência artificial, nanotecnologia, *bots* e softwares eram praticamente impensáveis. No entanto, estamos presenciando um aumento significativo das possibilidades à medida que enfrentamos novas necessidades.

Mochila de Memórias

PRIMEIRA VEZ COM O CELULAR
Por Thuinie

*Quando eu tinha uns quinze anos, lembro-me vividamente do dia em que meu pai comprou o primeiro celular dele. Era um Motorola StarTAC; naquela época, um aparelho bastante avançado. Os celulares eram considerados um luxo e não eram tão comuns como são hoje em dia, principalmente no local periférico onde eu vivia, **então, ter um era como ser parte de uma elite tecnológica**. O StarTAC era um dos aparelhos mais recentes e desejados do momento, e eu estava orgulhosa, pois meu pai deixou eu colocar na cintura e exibi-lo para meus amigos.*

Eu queria tanto ser vista com aquele artefato que combinei um horário e pedi para ele me ligar, só pra me exibir mesmo! (Eu sendo eu 😊) À medida que eu o mostrava para meus amigos, os olhos deles se iluminavam de surpresa e admiração. Era como se eu tivesse trazido algo do futuro para o presente.

É curioso como a tecnologia sempre gera admiração, surpresa e um tipo de orgulho de poder acessá-la por meio de um sentimento de pertencimento.

É importante termos a clareza de que algumas dessas necessidades foram impulsionadas pela publicidade, filmes etc. e construídas pelo ideário social, enquanto outras surgiram como resultado dos problemas trazidos pela modernidade. Curiosamente, mesmo que algumas das ideias imaginadas naquela época não fossem consideradas viáveis no momento, elas poderiam ser extremamente úteis para nós hoje, se pudessem ser desenvolvidas com sucesso.

Fizemos uma busca no Google Imagens com o comando "A VIDA NO FUTURO". Sugerimos que faça a mesma busca e observe as imagens que aparecem. Praticamente não identificamos "vida". As representações sugerem pouca ou nenhuma vida coletiva, mas altamente tecnológica e robotizada.

Percebeu quão antigo é associar o pensamento de futuros com criações tecnológicas? Você se deu conta de que não observamos nenhum tipo de "novo" modelo social sendo representado? Geralmente as imagens futurísticas evidenciam a criação de recursos e não comportamentos, valores e outras possibilidades mais diversas e plurais, por exemplo.

E toda essa visão **altamente tecnológica** impacta o presente. Na China, criaram o IPal, um robô feito para ser amigo e professor das crianças. Ele consegue se comunicar em dois idiomas, dá aulas de matemática, brinca e interage por meio de um tablet no peito. Segundo uma reportagem da revista *IstoÉ*, o IPal é um dos robôs educativos apresentados no salão da eletrônica de consumo de Xangai, grande simpósio da inovação tecnológica da Ásia.

O robô não é novidade, está no mercado desde 2018 e tem a estatura de uma criança de cinco anos. Ele se movimenta com facilidade sobre rodas e tem braços articulados. O que o torna ainda mais especial é o grande tablet que carrega no peito. Mas não para por aí! Seus olhos são equipados com uma tecnologia avançada de reconhecimento facial. Esse robô promete cuidar das crianças quando os pais não estão por perto. É uma inovação surpreendente que combina tecnologia e cuidado para garantir a segurança e o bem-estar dos pequenos.

Estamos cada vez mais nos tornando máquinas humanas e humano-máquinas! E perguntamos a você: **ISSO PRECISA SER ASSUSTADOR**?

Entendemos que pode ser assustador apenas **se nós não projetarmos de maneira intencional, ética e inclusiva e se não for um desejo nosso.**

Na medida em que nossa capacidade de pensar é altamente submetida com criações que nos sugerem apenas esses modelos, passamos a acreditar nessas imagens, e isso passa a influenciar as ações no presente. Na prática, isso significa que passamos a considerar suposições e projeções de tendências atuais, desconsiderando, necessariamente, **o que se deseja conscientemente para o futuro**.

Todas essas representações podem gerar a ideia equivocada de que, como seres humanos, não há nada que possa ser feito e que estamos fadados a viver essa realidade, sobretudo em um mundo cada vez mais ambíguo, acelerado e exponencial, devido à força da imprevisibilidade.

Por vezes esquecemos do fato de que o **criador disso tudo é o próprio ser humano devido a sua mentalidade criativa**. É exatamente esse o ponto que justifica a necessidade emergente de pensarmos e fomentarmos o letramento de futuros em todas as instituições escolares.

Letramento de futuros em contextos educativos

> Sem pensar no futuro podemos REAGIR, mas não AGIR, porque agir exige antecipação. As imagens do futuro (metas, objetivos, intenções, esperanças, medos, aspirações) fazem parte das causas da ação presente.
> **Wendell Bell (1996)**

Ao pensar futuros, podemos usar a imaginação para explorar diferentes possibilidades e considerar alternativas que podem não estar diretamente relacionadas às informações disponíveis no presente.

A capacidade de pensar é valiosa para o planejamento estratégico, a tomada de decisões e a adaptação às mudanças, pois nos permite antecipar desafios, identificar oportunidades e buscar soluções inovadoras.

Concordamos com a ideia de Sahle-Work Zewde, atual presidente da Comissão Internacional sobre os Futuros da Educação e Presidente da Etiópia, que diz:

> O futuro do nosso planeta deve ser imaginado de forma local e democrática. Apenas por meio de ações coletivas e individuais a nossa rica diversidade de povos e culturas será aproveitada, para que os futuros que queremos possam ser realizados. A humanidade possui apenas um planeta; entretanto, ela não compartilha bem seus recursos, nem os utiliza de forma sustentável. Existem desigualdades inaceitáveis entre as diferentes regiões do mundo. Estamos longe de alcançar a igualdade de gênero para mulheres e meninas. Apesar da promessa da capacidade tecnológica de nos conectar, ainda perduram grandes exclusões digitais, principalmente na África. Existem amplas assimetrias de poder na capacidade das pessoas de acessar e criar conhecimento. A educação é o principal caminho para enfrentar essas desigualdades enraizadas. Com base no que sabemos, precisamos transformar a educação. As salas de aula e as escolas são essenciais, mas, no futuro, elas precisarão ser construídas e vivenciadas de forma diferente. A educação deve desenvolver as habilidades necessárias nos locais de trabalho do século XXI, levando em consideração a natureza mutável do trabalho e as diferentes formas pelas quais a segurança econômica pode ser suprida (UNESCO, [2023], p. 10).

Analisando os impactos que a educação pode gerar na construção de futuros desejáveis, acreditamos genuinamente que o nosso futuro está nas escolhas que coletivamente fazemos hoje.

Pensar futuros, HOJE, é crucial, pois o resultado desse processo influenciará e os problemas serão resolvidos (ou não) como resultados das nossas decisões presentes e pela nossa habilidade de alcançar objetivos compartilhados. Como profissionais da educação, juntos, temos o poder de redirecionar o caminho do nosso futuro!

O poder da educação do presente

O mundo muda constantemente

Não vamos prever o futuro da educação. Queremos construir futuros.

Acreditamos que a frase que deve nos orientar ao pensar no futuro, para que possamos nos libertar do conhecido e plausível e construir o desejável, é: "O futuro é o que você faz dele".

Essa frase nos lembra que não estamos simplesmente fadados a aceitar o futuro como ele muitas vezes tem sido imposto. Temos o **poder de criar o futuro que queremos**, e devemos usar esse poder.

A educação desempenha um papel fundamental na criação do futuro. É por meio dela que aprendemos sobre o mundo ao nosso redor e desenvolvemos as habilidades de que precisamos para fazer mudanças.

Se queremos criar um futuro melhor, precisamos investir na educação. Precisamos garantir que todos tenham acesso a uma educação de qualidade, independentemente de sua origem ou circunstâncias. Também precisamos repensar a forma como ensinamos. Precisamos focar a criatividade, a colaboração e a solução de problemas. Precisamos preparar os alunos para o mundo em constante mudança do trabalho e da vida.

Pense em um sistema educacional transformador, que vá além da transmissão de conhecimentos e nos ensine a fazer escolhas conscientes. Por que não ter uma educação que nos capacite a tomar decisões informadas, compreendendo as consequências de nossas ações e nos preparando para enfrentar os desafios do mundo com sabedoria?

Pense em um futuro em que o valor seja mais do que apenas dinheiro! Por que não criar uma economia que valorize não apenas os aspectos financeiros, mas também o bem-estar das pessoas, a sustentabilidade ambiental e o impacto social positivo?

Pense em morar nas cidades projetadas não apenas para ocupar espaço, mas para proporcionar momentos de desfrute e qualidade de vida e felicidade. Por que não criar espaços urbanos que priorizem o tempo, oferecendo áreas verdes, espaços de convivência e infraestruturas que promovam o bem-estar da comunidade?

Pense ainda em um mundo sustentável, diverso e criativo, onde relações, espaços e recursos são construídos com base em confiança e colaboração. Por que não trabalharmos juntos para criar uma realidade onde o respeito ao meio ambiente, a inclusão e a pluralidade social, o acesso à saúde e à educação e a expressão criativa sejam pilares fundamentais da nossa existência?

Se você disse "porque não", então o convidamos a refletir sobre "por que não?".

2

IMAGINAR FUTUROS

> A única maneira de encontrar os limites do possível é ir além deles para o impossível.
>
> **Arthur C. Clarke**

Futuro ou futuros?

Qual a diferença entre prever o futuro e criá-lo? A inquietação humana sobre o futuro não é recente. A arte de contemplar o futuro ou interpretá-lo por meio de profecias data de cerca de 5 mil anos, na Mesopotâmia. Seja por meio da análise do fígado de animais (hepatoscopia) ou dos sonhos, as narrativas sobre futuros possíveis perpassam por diferentes civilizações. Oráculos, videntes, sábios, bruxos e feiticeiros compõem o arquétipo de personagens que se conectaram com algo superior, sublime ou não compreensível para a maioria das pessoas. Seja por meio de artefatos como cartas, cristais, runas ou outros objetos, ainda hoje há espaço para as profissões que preveem o futuro.

O desejo de interagir com entidades superiores, prever as próximas colheitas, acessar outras dimensões e até mesmo antever conflitos está presente em diferentes civilizações, desde os egípcios, com os sacerdotes; os indígenas, com os xamãs; e os povos nórdicos, com os Godis.

Na filosofia, Platão trouxe uma das primeiras visões de futuro em uma cidade ideal e mais justa com a *kallipolis*, que significa cidade bela. Outras obras ao longo da história, tais como *Utopia*, de Thomas More, *Frankenstein*, de Mary Shelley, e *A guerra dos mundos*, de H. G. Wells, passaram a influenciar as narrativas de futuros.

PREVISÕES APOCALÍPTICAS

Por Karina

Uma das coisas de que lembro na infância sobre previsões apocalípticas do fim do mundo estava associada a Nostradamus. Nos fins da década de 90 e beirando o ano 2000, era comum um discurso de receio e insegurança sobre o futuro ou o fim dele. Lembro-me de reportagens na televisão sobre o tema e de notícias sobre seitas que se alimentavam da virada do milênio para fazerem previsões catastróficas do futuro. Bem, sobrevivemos à passagem, mas não sem criar muito drama, medo e insegurança sobre como seria.

Longe do esoterismo ou do senso comum, a ciência tem ampliado sua capacidade de estudar o futuro, desenvolvendo um campo de saber que ganhou ferramentas científicas. A futurologia é um campo multidisciplinar que estuda tendências para identificar acontecimentos futuros com olhar sistêmico e holístico baseado em evidências de diferentes áreas:

- **S:** Social.
- **T:** Tecnológico.
- **E:** Econômico.
- **E:** *Environmental* (ambiental).
- **P:** Político.

O futurólogo é a pessoa que estuda o futuro e faz observações baseadas em evidências. A futurologia conta com diferentes modelos, métodos e ferramentas que incluem inteligência artificial, criação de cenários e escaneamento ambiental. No entanto, há alguma polêmica em torno da nomenclatura dos profissionais que se dedicam a estudar futuros, especialmente no Brasil. Futuristas ou futurólogos? Como o sufixo "logia" tem certa associação com alguns termos do esoterismo, tais como tarologia e astrologia, alguns pesquisadores preferem usar o termo "futurista".

Polêmicas à parte, o importante é compreender que o objeto de estudo não trata da previsão ou adivinhação do futuro, mas de antecipação, compreensão e análise a partir do pensamento sistêmico, da avaliação das mudanças sociais e ambientais, de dados estatísticos, de metodologias qualitativas, quantitativas, da compreensão geopolítica e também de métodos intuitivos.

O método científico oportunizou caminhos para nos ajudar a prever o futuro. Previsões relacionadas ao clima, por exemplo, passaram a fazer parte do nosso cotidiano, e os avanços da medicina contribuíram para o aumento da longevidade. Muito do progresso da humanidade foi possível porque as pessoas puderam prever um mundo melhor, tornaram públicas ou comunicaram suas previsões e passaram a criá-las de maneira colaborativa com os outros.

Quando você pensa na palavra "futuro", o que lhe vem à mente? É natural que, quando pensamos nessa palavra, organizemos mentalmente o futuro em um bloco de tempo, considerando sua representação a partir do passado e do presente em um diagrama linear da nossa existência.

Nos situamos mentalmente ao relacionarmos ações e atividades com a dimensão de tempo e espaço. Por exemplo, no passado os professores projetavam conteúdo utilizando lâminas de acetato. No futuro, é provável que projetemos conteúdo no metaverso em 3D ou 5D, ou com alguma tecnologia imersiva (o que provavelmente já existe, mas ainda não é uma prática comum dos professores e escolas que conhecemos).

Você deve ter observado que temos utilizado a palavra "futuros" em vez de futuro. Isso porque, quando falamos em "futuros", no plural, ampliamos a possibilidade para pensar diferentes alternativas dentro da unidade de tempo futuro. Acreditamos que o futuro não está predestinado a ser um só. Isto é, o futuro nos remete à reflexão de várias possibilidades do que há por vir. Por exemplo, um dos futuros possíveis para a educação é que o professor conte com um assistente robô na sala de aula ou que sua sala seja totalmente online.

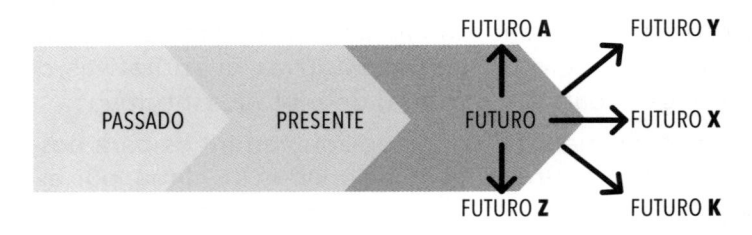

Outra forma de olhar para o futuro é concebê-lo em três partes. Um futuro emergente, ou seja, mais próximo, em curto prazo, que acontecerá em até cinco anos, outro um pouco mais distante, chamado de futuro pós-emergente, e, por fim, um futuro futuro, que chegará em mais de dez anos.

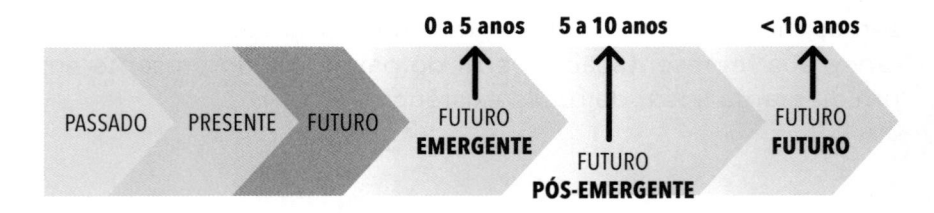

Um ponto importante a considerar sobre os futuristas e seu trabalho de colher evidências para pensar futuros é olhar para os grandes campos do comportamento humano, como a sociologia, a antropologia, a psicologia e a economia. Sua atuação é mais exploratória do que premonitória, como já falamos em outros momentos. Mais do que prever, o desafio aqui é imaginar.

Um exemplo disso são as avaliações feitas pelo Fórum Econômico Mundial. Em 2023, ele lançou um relatório sobre os riscos globais que o mundo enfrenta, considerando as categorias: econômico, ambiental, geopolítico, social e tecnológico a curto, médio e longo prazo. O relatório aborda temas como mudanças climáticas, as pandemias, a cibersegurança e as tensões geopolíticas. Ele indica que, ao mesmo tempo que vivemos em torno de riscos "antigos" ou já conhecidos como inflação, crises de custo de vida e guerras comerciais, passamos a identificar novos riscos, desenvolvimento rápido e irrestrito das tecnologias, mudanças climáticas e confrontos nucleares.

Figura 6 – Cenário de riscos globais.

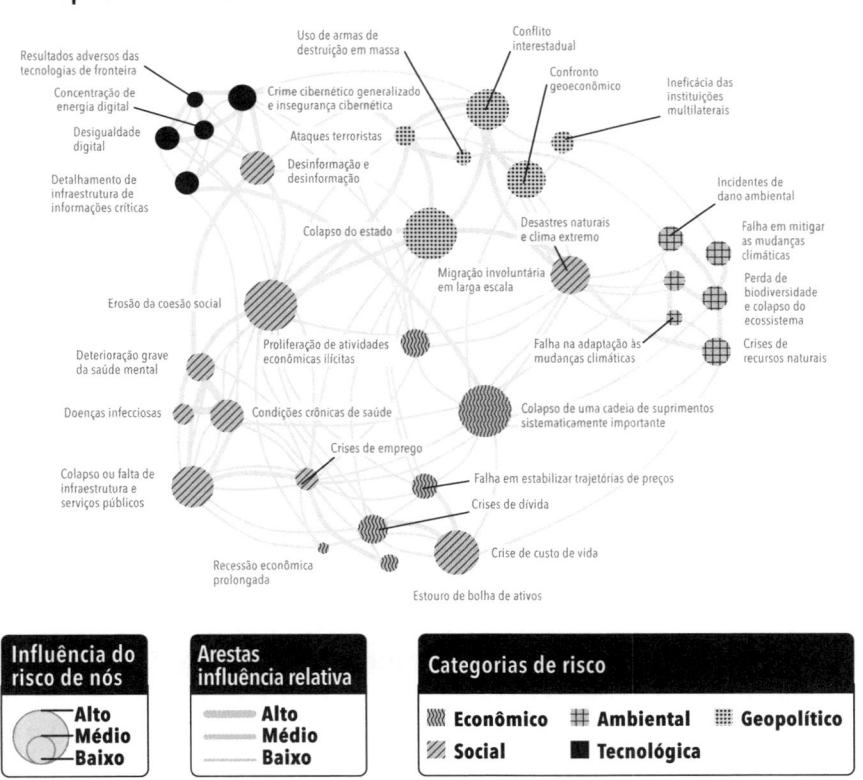

Fonte: Fórum Econômico Mundial (2023).

A "crise do custo de vida" é classificada como risco global mais grave nos próximos dois anos, e a "perda de biodiversidade e colapso do ecossistema" consta como risco global na próxima década. A guerra econômica também está se tornando regra, com confrontos crescentes entre as potências globais e a intervenção estatal nos mercados nos próximos dois anos. Além disso, impulsionadas por investimentos estatais e privados, as tecnologias digitais continuarão em ritmo acelerado nas próximas décadas, gerando avanços em IA, computação quântica e biotecnologia.

Sem dúvida não será um cenário fácil para nós, educadores, e para as novas gerações. Conseguir explorar algo envolto em uma névoa difícil de decifrar, quando não fomos preparados, capacitados e estimulados para isso, pode ser quase impossível.

Por isso, acreditamos na importância de preparar professores em letramento de futuros, para que possam iniciar seus estudantes no desenvolvimento dessa competência de forma mais natural. Porém, precisamos começar por nós mesmos. Que bom que você está aqui!

Futuro próximo e superfuturo

O que significa criar uma visão de futuro? Uma visão de futuro é um cenário intencional de um futuro desejável baseado nas necessidades do contexto e nas possibilidades de disrupção que emergem dos sinais fracos de tecnologias e comportamentos.

Quando pensamos em prever o futuro, atuamos de maneira preditiva, antecipamos ou adivinhamos o que virá para nos prepararmos para ele. Atualmente nossa atuação, no modo convencional, é mais reativa do que propositiva. Tendemos a agir depois que as coisas aconteceram. Quando passamos a utilizar ferramentas de design de futuros, mais do que prevê-los, atuamos de maneira mais proativa, propositiva.

Uma forma de considerar isso é acreditar que hoje podemos redesenhar tudo o que não está funcionando, sem, é claro, considerar somente o período em que vivemos. É importante considerar a centralização e a intencionalidade na vida do planeta e a implicação ética que poderá ter no futuro, já que cada projeto de futuro é um ato político e não será um ato inocente: ele cria efeitos que impactarão a vida de todos.

Enquanto escrevemos estas páginas, o ChatGPT acaba de ser conhecido no Brasil e no mundo, e vários países solicitaram a interrupção de sua aplicação até que possam se tornar mais claras as implicações éticas dessa criação para o futuro da humanidade, ou seja, os impactos éticos, que, muitas vezes, não são conhecidos a curto prazo.

Uma das maneiras de conseguir fazer isso é olhar e imaginar futuros a partir do cone de Voros (2017). Ele nos instiga a compreender o futuro como um feixe de luz. Essa metáfora é comparada a um holofote ou um farol de carro, que é claro no centro e difundido na borda. Do desejável ao absurdo, o provável, o possível ou plausível ou projetado podem existir, e precisamos estar preparados, já que por vezes nem sempre o que é provável é o desejável. Nas palavras de Voros (2017): "Só porque não podemos imaginar um futuro, não significa que ele não possa acontecer...". No cone de futuros, podemos ensinar as pessoas a olhar a partir de uma perspectiva básica, o futuro. Vamos aprender a utilizá-lo em breve!

Figura 7 – O cone de futuros.

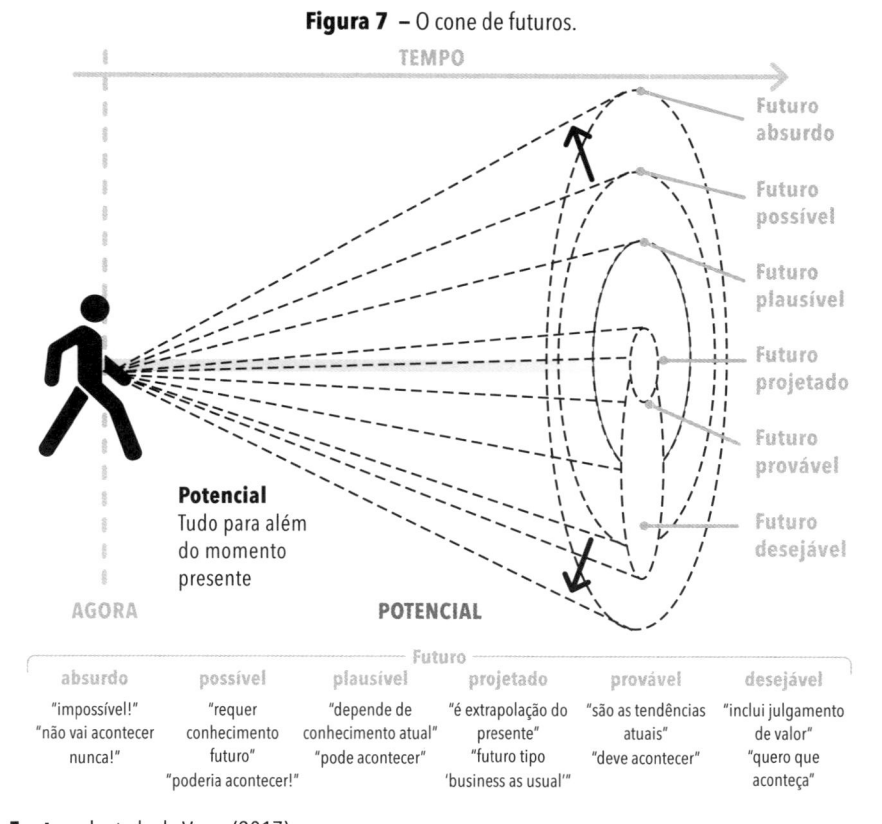

absurdo	possível	plausível	projetado	provável	desejável
"impossível!" "não vai acontecer nunca!"	"requer conhecimento futuro" "poderia acontecer!"	"depende de conhecimento atual" "pode acontecer"	"é extrapolação do presente" "futuro tipo 'business as usual'"	"são as tendências atuais" "deve acontecer"	"inclui julgamento de valor" "quero que aconteça"

Fonte: adaptada de Voros (2017).

Joseph Voros é um futurista e professor universitário conhecido por seu trabalho com cenários futuros. Seu foco é ajudar organizações a se prepararem para o futuro, desenvolvendo recursos de antecipação e adaptação diante de uma realidade que passa por mudanças rápidas. Ele também ficou conhecido pelo diagrama Cone de futuros. Em seu blog, Voros conta como chegou à versão atual do cone de futuros em suas publicações.

Ao observar que a maioria dos futuristas frequentemente fala sobre os cenários futuros em três classes principais, possíveis, prováveis e preferíveis, aprofundando-se e se especializando em cada uma das classes, Voros propôs expandir a taxonomia para incluir pelo menos sete tipos principais de futuros alternativos.

O modelo do cone de futuros foi utilizado pela primeira vez por Hancock e Bezold e era dividido em quatro classes: possível, plausível, provável e preferível. Ao longo dos anos, Voros foi adaptando o cone ora com sete, ora com oito tipos de futuros alternativos que são considerados julgamentos subjetivos de ideias sobre o futuro, mas baseados no momento presente. Vamos conhecer um pouco mais cada um desses feixes.

1 **Potencial:** tudo além do que vivemos no presente é um futuro em potencial. O futuro é indeterminado e "aberto", não "fixo" ou estático.

2 **Absurdo:** são os futuros ridículos, impossíveis ou difíceis de imaginar. Desses que "nunca" vão acontecer, mas que merecem ser mapeados.

3 **Possível:** são futuros que "poderiam" acontecer, com base em alguma ideia ou pensamento em relação à qual ainda não temos total clareza, mas que poderíamos ter algum dia.

4 **Plausível:** são futuros que pensamos que "poderiam" sim acontecer com base no que conhecemos hoje, com o desenvolvimento e os saberes científicos que temos disponíveis.

5 **Provável:** são futuros "prováveis" de acontecer com base em alguma tendência ou evidência que temos no presente.

6 **Preferível:** são futuros que pensamos que "deveriam"

acontecer com base no que acreditamos, nos julgamentos de valor que temos. Podemos imaginar também o que **não** é preferível, aquilo que pensamos que não deveria acontecer, como os cenários de tragédias globais.

7 Projetado: este tipo de futuro é "o mais provável". Ele é a continuação de uma linha que perpassa o passado, presente e futuro.

8 Previsto: este é o futuro que alguém afirma que "vai" acontecer. Voros acabou por não utilizar mais essa categoria, por considerar que ela obscurece a abertura de possibilidades ou habilidades de proposições de futuros que o cone pretende gerar.

É importante considerar que as descrições acima não são consideradas por Voros rigidamente separadas, mas sim como um conjunto de classes aninhadas de futuros, movendo-se das classes mais amplas para as mais estreitas até chegar à classe do "projetado", envolto em um futuro potencial, já que todas as classes, independentemente do quanto consigamos imaginar, são um futuro em potencial.

E como podemos utilizar esses conceitos para pensar futuros na educação? Ao longo do livro apresentaremos estratégias de letramento de futuros, mas, para que a base conceitual não pareça distante do que vamos discutir, convidamos você a fazer alguns exercícios a respeito de desafios atuais que enfrentamos na educação.

No cenário atual, no momento presente, quais são as necessidades sociais que impactam a educação? Que desafios são emergentes? Vamos listar alguns?

- desigualdade de acesso a recursos educacionais;
- professores com baixa qualificação;
- falta de reconhecimento da profissão docente;
- estudantes desinteressados em aprender;
- pouca acessibilidade para alunos com deficiência;
- aumento dos índices de violência escolar;
- acesso à tecnologia de forma irregular e desregulada;
- baixos indicadores de aprendizagem dos estudantes.

Lembrou de mais algum? Liste aqui:

- _____
- _____
- _____
- _____

Agora, vamos ampliar nossa discussão, olhando nosso cenário para pensar os desafios como uma oportunidade de criar um futuro desejável: a educação liderar soluções de inovação de que o mundo precisa, por exemplo.

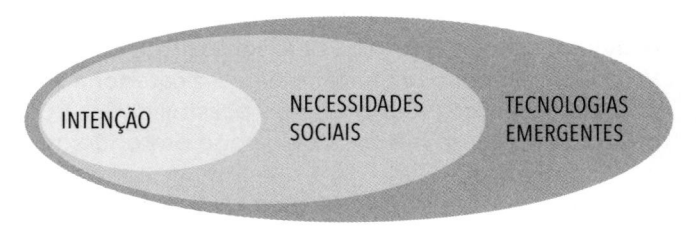

Fonte: Adaptado de Prosepio (2023).

Quais as necessidades sociais que estariam sendo atendidas com essa intenção e que tecnologias emergentes poderiam compor um cenário de apoio à criação desse futuro desejável?

Uma maneira de fazer isso é utilizar o cone de Voros. Convidamos você a fazer o seguinte exercício.

1 Coloque na extremidade direita, no centro do cone, o futuro desejável para a educação.
2 Coloque nas extremidades as especulações de futuros absurdos e possíveis.

Figura 8 – Cone de futuros.

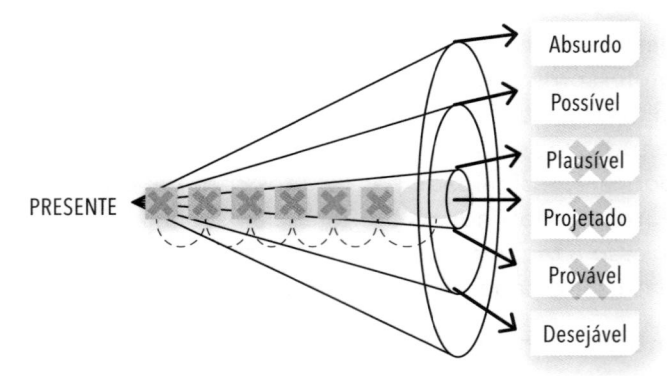

Como você se sentiu fazendo o exercício? Exercícios como esse nos ajudam a compreender o tempo presente nos prepararmos para o futuro. Isso significa que podemos ser mais protagonistas do nosso tempo, não compreendendo o futuro simplesmente como uma continuidade do presente, mas percebendo que há futuros alternativos que podemos imaginar e, mais do que isso, que podem impulsionar nossa vontade de mudar. Temos muito clara a importância do nosso papel na promoção do letramento de futuros para apoiar nossos jovens nos desafios que enfrentarão ao longo da sua vida.

A psicologia do tempo

> Quem controla o passado controla o futuro.
> Quem controla o presente
> controla o passado.
> **George Orwell**

Há muita contribuição do campo da psicologia na forma como encaramos o tempo e os desafios contidos nele. Antes de nos aprofundarmos em cenários para imaginar o futuro, vamos ver alguns conceitos fundamentais para a compreensão de futuros. Faremos algumas análises pessoais para identificar possíveis "equívocos" na forma como vemos o futuro a partir de vieses, crenças e mentalidade que construímos.

Um dos teóricos mais conhecidos que analisam nossa relação com o tempo é Philip Zimbardo. Psicólogo norte-americano nascido na década de 1930, ficou conhecido por um experimento realizado na prisão de Stanford, em 1971, em que simulou o funcionamento de uma penitenciária com voluntários que agiam como guardas e prisioneiros. Você pode até imaginar o resultado... Entre seus livros mais conhecidos está *O efeito Lúcifer*: entendendo como as pessoas boas se tornam más e *O paradoxo do tempo* (2009).

Neste último, escrito em coautoria com John Boyd, os autores exploram como a orientação temporal de uma pessoa ou a forma como ela se relaciona com o tempo influencia sua vida, suas decisões e emoções. Para eles, o tempo é a água que move nosso fluxo de consciência, mas, apesar da posição central que ocupa em nossas vidas, dificilmente refletimos sobre as maneiras como ele delimita fronteiras e orienta direção e profundidade no nosso dia a dia. Para os autores, a maioria de nós está imersa em um fluxo obscuro, sem conseguir ver muito bem o antes e o depois.

Um exemplo é a analogia descrita por Gaarder (1996) em *O mundo de Sofia*. Se você leu, deve lembrar da passagem em que ele nos compara a pulgas presas ao pelo de um coelho branco, que está dentro da cartola de um mágico. Na metáfora, o mágico é o mundo. Quando nascemos, estamos na ponta dos pelos do coelho, olhando para os olhos do grande mágico de forma inquieta e consciente. À medida que crescemos, no entanto, vamos descendo até a pelagem do coelho, nos acomodando e naturalizando nossa própria existência, nos acostumando a viver. Para o autor, o papel do filósofo é manter-se na ponta dos pelos do coelho, para manter acesa a curiosidade pelo mundo.

Voltando ao livro *Paradoxo do tempo*, os autores reforçam que a percepção que temos do tempo é um processo cognitivo, portanto sujeito a ilusões e vieses marcado por preferências subjetivas e perspectivas distintas. Por exemplo, enxergar o mundo sob perspectivas futuras pode parecer que você está no "horário", mas, se visto da perspectiva do presente, pode parecer que esteja "atrasado".

Figura 9 – Dimensão do tempo.

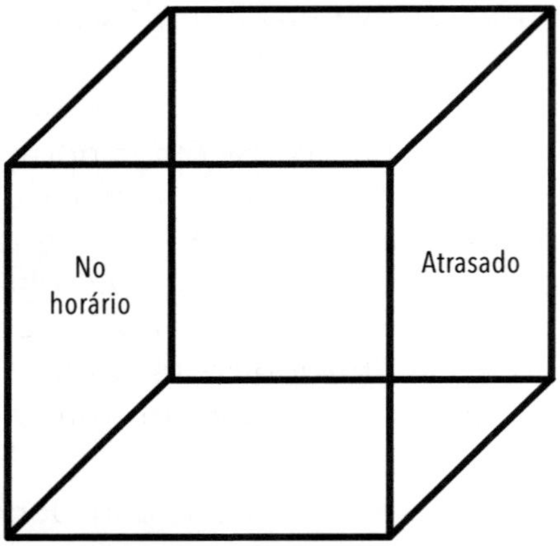

Fonte: Boyd e Zimbrado (2009, p. 21).

BRINCANDO NA CAIXA DE AREIA

Por Karina

Lembro-me bem que, quando criança, eu brincava com meu irmão em uma caixa de areia nos fundos da casa. Ficávamos horas montando cidades, construindo pontes, e, quando mamãe nos chamava para tomar banho ou comer, reclamávamos dizendo "mas nem começamos a brincar ainda", com a percepção de que estávamos "trabalhando" ou organizando nossa brincadeira, para depois usufruir do que estávamos construindo. No meu mestrado, estudei sobre a importância dos jogos na construção da infância, especialmente do recreio. O recreio escolar é um tempo e espaço de muita interação e formação das crianças, apesar de não ser tão reconhecido pelos adultos. Durante a pesquisa, tive oportunidade de ler Homo ludens, *de Huizinga (2007), que traz a dimensão do tempo, durante o jogo ou brincadeira, parecida com a que Mihaly descreve no estado de Flow. Huizinga chama de evasão da vida real. O jogo é capaz de absorver o jogador, desconectando-o do tempo. No estado de flow, nos sentimos totalmente envolvidos por uma atividade que proporciona prazer, energia e foco.*

Você já deve ter ouvido a frase "cuidado com seus fantasmas, porque eles podem te assombrar", em referência a imagens e narrativas que temos sobre situações do nosso passado. Por isso, toda psicoterapia pode ser vista como uma forma de trabalhar o presente para obtermos mais controle sobre o passado e o futuro. Ou seja, quanto mais controle você tem sobre seu presente, mais fácil será controlar seu passado e seu futuro:

> O presente é mais do que um meio pelo qual você pode reescrever o passado. O presente é também o meio pelo qual você inicialmente escreve na memória os pensamentos, os sentimentos e as ações. Toda decisão e toda a ação do presente logo se tornam parte do seu passado (Boyd; Zimbardo, 2009, p. 27).

71

Com base nessa relação temporal entre passado, presente e futuro, os autores descreveram seis zonas ou perspectivas distintas sobre como as pessoas encaram sua vida a partir da relação que estabelecem com o tempo, sendo duas passadas, duas presentes e duas futuras. Eles desenvolveram testes e inventários cujo objetivo foi avaliar com quais categorias as pessoas mais se identificavam e, a partir disso, avaliar a maneira como encaravam os desafios cotidianos, se comportavam e viam o mundo. No inventário é possível identificar que temos um pouco de cada uma das perspectivas, mas que haverá uma predominante.

PASSADO	PRESENTE	FUTURO
Passado positivo	Presente hedonístico	Futuro focado
Passado negativo	Presente fatalista	Futuro transcendental

1 **Passado positivo:** é quando temos um forte apego às experiências positivas do passado. São as memórias afetivas que nos ajudam a aprender com lições que vivemos. A frase de Nietzsche que exemplifica essa categoria é "O que não mata me fortalece", ou seja, mesmo tendo passado por uma situação aversiva, a recordação é positiva porque a tornou mais resistente ou otimista.

2 **Passado negativo:** avaliamos nossas atitudes do passado como experiências negativas. Apesar de não podermos mudar o passado, podemos alterar a forma como o vivenciamos dentro de nós.

3 **Presente hedonístico:** neste caso, o prazer está acima de tudo, independentemente das suas consequências futuras. Se você sente prazer em fazer algo, faça; é o lema de pessoas dominantes nesta zona.

4 **Presente fatalista:** acreditamos em um destino determinado sem oportunidades de ação. O que tiver que acontecer acontecerá, e nos tornamos vítimas das escolhas e não donos do nosso destino.

5 **Futuro focado:** há forte organização e disciplina para atingir metas. Pessoas nesse nível não colocam em risco o futuro e tendem a ser planejadoras e cautelosas.

6 **Futuro transcendental:** há preocupação com as consequências futuras, mas uma forte crença de que a morte não é o fim da vida.

Para os que têm ampliada a perspectiva futurista, algumas vantagens são descritas, observadas nesse perfil. Por exemplo: essas pessoas tendem a cuidar mais da saúde e do bem-estar, a terminar o que começam, a ter mais consciência da morte e a se preparar para ela, a serem mais orientadas a solucionar problemas, a ganhar mais dinheiro, a extrair o melhor do fracasso, a terem uma esperança realista sobre o futuro, a ter maior consciência e responsabilidade sobre suas ações.

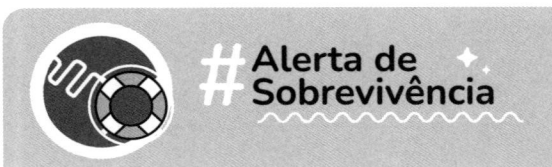

 # Alerta de Sobrevivência

Philip Zimbardo e John Boyd definiram alguns inventários que são de acesso gratuito e que geram uma pontuação relacionada à perspectiva que temos do tempo. Ao final são gerados gráficos que podem servir de análise e comparação.

O inventário de perspectiva de tempo de Zimbardo tem 61 perguntas e pode ser acessado neste link:

http://tinyurl.com/ctc82euf

O inventário de perspectiva temporal futura transcendental tem 15 perguntas e está disponível neste link:

http://tinyurl.com/63wezyda

Um exercício prático, inspirado no livro de Philip Zimbardo e John Boyd, para voltar no tempo e reconstruir um passado positivo, melhorando nossa relação com o presente e o futuro, pode ser feito a partir da seguinte estratégia.

1 Faça uma lista de três acontecimentos negativos que tiveram impacto em sua vida:

   a. Acontecimento 1: _____

   b. Acontecimento 2: _____

   c. Acontecimento 3: _____

2 Agora liste três mensagens positivas que você poderia extrair desses acontecimentos (por exemplo, os aprendizados que cada desafio trouxe para sua vida).

   a. Acontecimento 1: _____

   b. Acontecimento 2: _____

   c. Acontecimento 3: _____

3 O terceiro passo é identificar como esses três acontecimentos podem tornar seu futuro melhor (por exemplo, poderei ajudar outras pessoas, ou saberei o que fazer em uma situação parecida).

   a. Acontecimento 1: _____

   b. Acontecimento 2: _____

   c. Acontecimento 3: _____

Essa atividade pode ser utilizada para situações traumáticas como violência na escola ou desastres que possam apoiar a ressignificação e a continuidade dos que permanecem com os desafios de lidar com memórias negativas.

Pensar sobre o tempo, especialmente o passado, é uma das maneiras de imaginar cenários futuros. Freud escreveu: "Quanto menos uma pessoa conhece sobre seu passado e seu presente, mais duvidoso deve ser seu discernimento sobre o futuro". O futuro é a soma de escolhas que fazemos no presente. E muitas dessas escolhas são marcadas por vieses cognitivos ou crenças irracionais colecionadas de nosso passado.

Um viés é um enquadramento, um ponto de vista, uma direção. Normalmente pode ser visto como um erro de pensamento ao tentar dar conta de um excesso de informações. Para facilitar a organização, nosso cérebro tende a economizar energia e se apoia nos vieses cognitivos.

Existem alguns vieses cognitivos comuns que compartilhamos e que podemos identificar. Veja alguns exemplos:

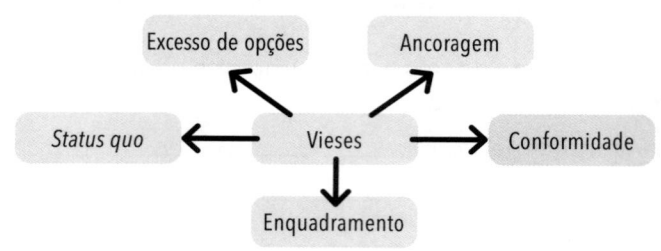

- **Do excesso de opções:** quando muitas opções são apresentadas, fica difícil decidir. Por exemplo, quando muitas ferramentas ou metodologias são indicadas pela escola, sem que haja uma identidade pedagógica ou intencionalidade orientando o professor, pode ser difícil inovar.
- **Da ancoragem:** tendemos a colecionar argumentos para comprovar nossas ideias ou nos fixar nas primeiras informações que recebemos sobre um tema. Por exemplo, se uma das primeiras coisas que você ouviu sobre o ChatGPT foi que ele estava dando trabalho aos professores porque os estudantes passariam a copiar tudo dele, será mais difícil ressignificá-lo como ferramenta que vá apoiar a docência.
- **Da conformidade:** tendemos a seguir a multidão ou a buscar a tomada de decisões próxima de pessoas com quem temos mais afinidade. Um professor ou um influenciador que você admire pode ter forte poder sobre sua tomada de decisão.
- **Do enquadramento:** tendemos a ampliar uma informação ruim e diminuir a boa. Em uma avaliação de nossos estudantes sobre a aula, será mais fácil lembrar de um comentário ruim que recebemos do que de vinte bons.
- **Do status quo:** há uma tendência natural a preferirmos manter as coisas como estão. "Em time que está ganhando não se mexe." Há uma tradição instalada ou houve um investimento de tempo e energia na construção de algo. Mudar planos de aula e avaliações pode ser desafiador para qualquer professor.

Uma discussão recente, compartilhada por alguns pesquisadores, tem levantado a existência de vieses de algoritmos no treinamento da inteligência artificial, bem como impactos desses vieses sobre as minorias. Joy Buolamwini ([2023]), uma pesquisadora preta do MIT, observou que os softwares de inteligência artificial existentes não só nos Estados Unidos, mas em outros países, inclusive orientais, não reconheciam seu rosto. Isso aconteceu porque os treinamentos a que a máquina fora submetida não consideraram uma variedade maior de pessoas, promovendo um olhar enviesado, ou o que ela chama de "olhar codificado". A forma como a inteligência artificial é treinada poderá gerar impactos sociais como a ampliação do preconceito e a exclusão de pessoas não reconhecidas pela IA. Ainda é possível que a IA reproduza preconceitos e vieses que lutamos por eliminar, por não conseguir avaliar as implicações éticas das informações ou se alimentar de dados historicamente construídos, mas que perpetuam olhares injustos e tendenciosos.

Cápsula do Futuro

O documentário *Coded Bias*, lançado pela Netflix em 2020, investiga o viés dos algoritmos pesquisados por Joy Buolamwini. Ela descobriu falhas na tecnologia e passou a conscientizar as pessoas sobre a imparcialidade da inteligência artificial.

http://tinyurl.com/3d32h3j3

Além dos vieses, outra forma de compreender e interpretar a realidade são as crenças irracionais ou limitantes. Atualmente o conceito de crenças limitantes tem sido bastante explorado em diferentes áreas profissionais. Resumidamente, trata-se de interpretações e pensamentos que se consolidam como verdades e mobilizam nosso comportamento, garantindo sua materialização.

Esse conceito vem da psicologia comportamental: crenças irracionais. O psicólogo Albert Ellis elaborou um modelo para explicar como os eventos externos e internos poderiam ser interpretados e modulavam nosso comportamento. Para ele, o que importa não são os fatos, mas o significado que esses fatos têm para cada pessoa:

A (eventos internos ou externos) + B (crenças: filtro interpretativo) = C (consequências emocionais das interpretações)

Essas crenças irracionais acabam ditando nossas emoções e decisões, organizando nosso relacionamento com o mundo, com os problemas que surgem e com o futuro. Albert Ellis indicou algumas crenças que são comuns entre as pessoas. Veja algumas:

1 "O ser humano adulto sente uma necessidade extrema de ser amado e aprovado por praticamente todas as pessoas significativas da sociedade".

2 "Para ser valorizada, a pessoa deve ser muito competente, suficiente e capaz de realizar qualquer coisa em todos os aspectos possíveis".

3 "Algumas pessoas são desprezíveis, más, infames e deveriam ser seriamente responsabilizadas e punidas pela sua maldade".

4 "É terrível e catastrófico que as coisas não saiam como você gostaria que fossem".

5 "É mais fácil evitar do que enfrentar certas responsabilidades e dificuldades da vida".

6 "A história passada é um determinante decisivo do comportamento atual; algo que já aconteceu anteriormente e o traumatizou deve continuar a afetá-lo indefinidamente".

7 "Você sempre tem que manter o controle e buscar a perfeição".

O problema das crenças irracionais é que elas estão arraigadas em nossa mente e comportamento, de modo que agimos e pensamos sem muitas vezes duvidar da origem motivadora de tal ação ou pensamento.

Elas fazem parte do nosso cotidiano e regulam nossa forma de pensar e agir também no trabalho. Na sala de aula, por exemplo, nós, professores, podemos ser tomados por algumas dessas crenças que são reproduzidas como verdades, sem nos darmos conta disso ou saber de onde surgiram, por exemplo:

1 Se os alunos não se interessam pela minha aula, é porque não gostam de mim.

2 Se proponho aulas muito divertidas, posso não estar preparando o aluno para um futuro mais desafiador.

3 Se os alunos não aprendem, é porque não gostam de estudar.

4 Se fizer avaliações mais difíceis, os estudantes valorizarão mais a minha disciplina.

5 Como sou imigrante digital, tenho menos habilidades digitais do que os estudantes.

6 Se no mínimo 70% da minha aula não for expositiva, posso ser julgado por não dar aulas.

7 No passado os professores eram mais valorizados.

As crenças limitantes normalmente geram pensamentos rápidos e automáticos, distorcidos da realidade, o que prejudica sua identificação. Quando pensamos sobre nossa relação com o tempo, veja algumas crenças que podem guiar a forma como você vive hoje:

CRENÇA	CONTRAPOSIÇÃO
Não podemos mudar o passado	Mas será que não é possível ressignificá-lo?
Somos vítimas da nossa história	Por isso você será espectador do seu futuro?
O passado determina nossas vidas	Nosso futuro já está predeterminado?
As memórias são imutáveis	Não mudamos de opinião?
Sou muito velho para aprender	Nosso cérebro é estático?

#Mochila de Memórias

MANTRAS DA DOCÊNCIA

Por Karina

Uma das reflexões que gosto de trazer aos professores durante as minhas palestras é sobre os mantras da docência. O que repetem, o que consomem, o que falam, que metáforas utilizam para descrever e pensar a sala de aula. Alguns mantras que circulam nas redes sociais de professores tratam a docência como uma profissão desgastante, destruidora; e o professor sendo o profissional ansioso por um feriado ou fim de semana. Certa vez visitei uma escola que tinha no mural da sala dos professores a frase: "Que venha o Natal". Ruth Hannan (2020) tem um texto sobre o poder incrível da linguagem. Ela fala sobre o motivo de não usarmos metáforas de guerra para falar sobre saúde, por exemplo. Segundo ela, a linguagem de guerra leva as pessoas a terem as mesmas expectativas de quando estamos na guerra, como mortes na linha de frente, naturalização da quantidade de mortes e dos sacrifícios. Essa ideia pode ter implicações significativas para o futuro. A linguagem é uma ponte para o futuro que desejamos. Que mantras pronunciamos sobre a nossa vida e profissão? Se não pensamos

> *sobre como falamos no presente, corremos o risco de normalizar uma linguagem que menospreza a vida, a profissão docente, os estudantes. E isso não nos levará para uma educação esperançosa e de qualidade.*

Quando olhamos para o futuro e passamos a pensar sobre as mudanças, a nossa forma de compreensão é linear, e não acompanha a transformação exponencial que as tecnologias provocam. O poema "Verdade", de Carlos Drummond de Andrade, ilustra bem o conceito míope de olhar o futuro, mas também de interpretar a realidade e a verdade a partir de um ponto de vista. Confira o poema recitado aqui: http://tinyurl.com/achvw7wk.

Segundo o Fórum Econômico Mundial (2023), a pandemia mobilizou o desenvolvimento de novas habilidades. Isso porque percebemos, além da nossa fragilidade, que os impactos de nossas ações no planeta e as rápidas transformações a que estamos sendo submetidos exigirão de nós novas formas de tomar decisões diante de cenários cada vez mais complexos.

Para viver nestes novos cenários, habilidades até então não tão conhecidas por nós passaram a se tornar altamente relevantes. **Alfabetização ou letramento de futuros**, por exemplo, é o que permite às pessoas imaginar e entender melhor o futuro. É uma habilidade que as ajudará a compreender seu papel no mundo não só pensando sobre o futuro, mas também refletindo sobre como suas decisões serão capazes também de criá-lo.

O **pensamento sistêmico** é uma maneira de pensar, comunicar e aprender considerando as interações de um sistema. Ajuda a tornar os padrões mais claros e a melhorar a compreensão dos problemas, bem como a forma de enfrentá-los. A **antecipação** é nossa capacidade de observar e interpretar os sinais. O presente é composto por futuros em andamento, mesmo que não possamos ver claramente. A habilidade de antecipar ajuda a reconhecer os futuros possíveis e a ampliar nossa consciência na tomada de decisões no presente. A **visão estratégica** nos guiará esperançosamente a sobreviver neste mundo em mudanças. Este é o grande desafio de organizações, governos e pessoas. Compreender que o futuro vai além da continuidade do presente, mas que é múltiplo, permitirá desenvolver estratégias à prova de futuro.

Habilidade 1	Habilidade 2	Habilidade 3	Habilidade 4
Alfabetização de futuros	Pensamento sistêmico	Antecipação	Visão estratégica

A oportunidade para lidarmos com nossa miopia e enxergarmos a verdade um pouco mais de perto é passar mais tempo no futuro, para que não sejamos deixados para trás nestes momentos de mudança e transição.

Mas como podemos ensinar nossos alunos a desenvolver essas novas habilidades e a passar mais tempo no futuro? Antes de continuarmos, precisamos avançar em alguns conceitos para imaginar futuros: distopia, protopia e utopia. Como vimos, não há um único futuro. E o futuro pode ter perspectivas distintas a partir dos nossos olhares e da maneira como o encaramos. O futuro é decidido continuamente pelas escolhas que todos nós fazemos e também pelas escolhas que não fazemos.

A **distopia**, por exemplo, trata da imaginação de um futuro, apocalíptico, uma realidade ou sociedade opressiva, caótica e desumana, um lugar onde a vida é difícil, as pessoas infelizes, sem liberdade, prisioneiras de seus medos e suas criações. As distopias podem ser criadas como um alerta contra a tendência de um caminho negativo que a sociedade esteja criando.

A **protopia** é uma sociedade imaginária que ainda não alcançou sua forma final, mas está em processo. É o conceito de uma sociedade em constante evolução, em que as mudanças são graduais e contínuas. É um lugar onde há problemas, mas as pessoas estão trabalhando juntas para encontrar soluções e melhorar as condições de vida. A protopia é um conceito relativamente novo e tem sido usado para descrever sociedades futuras que estão em constante evolução e mudança.

A **utopia** é a criação de uma sociedade imaginária ideal e perfeita em todos os aspectos, incluindo o político, o social e o econômico. Nesse lugar, as pessoas são felizes, vivem em harmonia e não há problemas ou dificuldades. Criar cenários de utopia ajuda a inspirar uma visão de sociedades melhores e mais justas, ainda que não seja totalmente possível de serem alcançadas.

Distopia	Protopia	Utopia
Cenário caótico, terrível e pessimista	Cenário em transformação, em vias de, um caminho possível de mudanças	Cenário perfeito, maravilhoso e positivo

Um dos maiores desafios para pensar o futuro nos dias de hoje é imaginá-lo com esperança; uma esperança radical, especialmente nas escolas, quando estamos com crianças, jovens e adolescentes. Somos seres humanos essencialmente criativos, brincalhões, emocionais e sociais. Assim, por mais que muitas vezes seja difícil imaginar futuros positivos, não podemos deixar de ver a escola como espaço de cura e esperança para as novas gerações.

Paulo Freire (2002), em *Pedagogia da esperança*, discute a importância da esperança na prática educativa e o fato de que ela pode ser um motor de transformação social. Revisitando a pedagogia do oprimido, o autor sai do passado distópico em vias de um futuro mais utópico.

Segundo esse educador, a esperança é uma força essencial para a construção de um mundo mais justo e igualitário. Ele considera a esperança um ato de coragem, que nos impulsiona a lutar contra as estruturas opressivas e a trabalhar pela libertação e emancipação dos indivíduos.

Nesse aspecto, é preciso considerar o papel dos educadores no apoio e transformação da escola e da sociedade em um lugar melhor. Para Paulo Freire, uma das tarefas do educador é desvelar as possibilidades, não importando os obstáculos para a esperança. Assim como um peixe necessita de água despoluída, precisamos de esperança crítica. A esperança é uma necessidade ontológica, e a desesperança nos faz sucumbir no fatalismo ou numa luta suicida.

Não se trata de ser otimista, mas de atuar com esperança, como pontua Krznaric (2021), autor do livro *Como ser um bom ancestral*. Para ele, o otimismo trata da disposição para olhar sempre pelo lado positivo da vida, apesar das evidências. Já a esperança, reconhece a possibilidade de fracasso e se agarra à perspectiva de sucesso movido pelo compromisso com o resultado.

Por isso, nossos sonhos e visões para o futuro são essenciais para navegar pela vida. Eles nos dão uma direção para qual caminho nos mover. Macy (2020) relembra o discurso de 28 de agosto de 1963 de Martin Luther King, "eu tenho um sonho"... um sonho em que as crianças não sejam julgadas pela cor da pele, em que meninos e meninas negros e brancos se deem as mãos como irmãos. King estava dando identidade a um destino que poderia ser alcançado, como a ideia de que um afro-americano poderia se tornar presidente dos Estados Unidos.

Sêneca destacou que, "se você não sabe para qual porto está navegando, nenhum vento é favorável". Precisamos acreditar que tudo o que existe fisicamente passou primeiro pela nossa mente, ou pela nossa imaginação, ou seja, todas as coisas são criadas duas vezes. Por isso, mais do que nunca precisamos resgatar o simbó-lico e a capacidade de sonhar das novas gerações, combater o analfabetismo do imaginário. E para tanto é fundamental ampliar o seu repertório. Não há imaginação sem repertório.

FUTURO DISTÓPICO

Por Thuinie

Para ilustrar um cenário distópico, vou contar um episódio que eu vivi. Estávamos no final de 1999, eu tinha dezoito anos, estudava meu último ano do magistério e já atuava como professora de uma turma de alfabetização. Nesse período, estava me prepa-rando para buscar aprovação no vestibular de uma universidade pública da cidade de Foz do Iguaçu/PR, e adivinhem o tema cogitado para a redação? **O bug do milênio.** Eu tive que descobrir tudo sobre esse tema para estar preparada. Em meus estudos na época, o Bug do Milênio foi um acontecimento que ocorreu no final do século XX e passou de um simples problema relacionado à informática para a preocupação de todo o mundo. O problema central com o Bug do Milênio era o fato de que os sistemas antigos desen-volvidos no século xx guardavam e interpretavam as datas com dois dígitos no ano. Isso ocorria pela necessidade de economizar, uma vez que, nessa época, um único megabyte de espaço de memória magnética custava em média US$ 760. A partir daí, surgiu o medo distópico de que após a virada do milênio os sistemas reconhecessem o ano 2000 como 1900. **Isso realmente seria um desastre.** Os bancos teriam suas aplicações gerando juros negativos, os investidores teriam prejuízos, milhares de.

> *empresas iriam à falência etc., significando uma crise ainda maior do que a vivida em 1929. O medo na época era que, mesmo que tudo se normalizasse do ponto de vista de sistemas, o Bug do Milênio causaria uma enorme desordem no sistema econômico mundial. Para se ter uma ideia, nos EUA, muitas pessoas chegaram a estocar comida devido ao medo de um desequilíbrio econômico. Dia 31 de dezembro chegou, cantamos "feliz ano-novo, adeus ano velho" e pasmem: nada aconteceu...*
>
> *Ah! Também não caiu esse tema para a redação do meu vestibular. Isso sim foi terrível* ☺

Quando pensamos em caminhos possíveis, uma das autoras que mais nos ajudam a compreender a protopia e como aplicá-la é Monika Bielsktyte (2022), uma futurista com olhar artístico e mente inventiva que desenvolve trabalhos na área do design de narrativas audiovisuais. Sua empresa, a Protopia Futures, tem como missão desafiar os estereótipos distópicos/utópicos alienantes da ficção científica e inspirar e serem inspirados pelo que os futuros verdadeiramente inclusivos poderiam ser. Ela acredita que precisamos amplificar a voz das pessoas, criando futuros protópicos, e desafiar as noções de que a única realidade disponível para nós é distópica. A única maneira de fazer isso é explorar o mundo real.

Nesse sentido, o caminho é prototipar cenários de futuros alternativos e ajudar a entender como todos nós poderíamos participar do futuro de maneira mais prática. Por isso, o papel do professor é fundamental, tanto no reconhecimento desses cenários como no apoio de seus estudantes a rever o modo como enxergam o futuro. Assim, não podemos ficar presos às velhas visões de como as coisas eram; precisamos explorar nossa história e ver de que maneira ela estabelece as bases e os alicerces para onde poderíamos ir, especialmente para não repetirmos os mesmos erros; temos que observar a história, não como espectadores, mas indo mais fundo e removendo as camadas do que acreditávamos ser progresso ou desenvolvimento a fim de olhar o novo com uma lente diferente.

Para Bielskyte, o futuro protópico é composto pelos seguintes pontos:

1. **Diversidade:** além dos binários. Não significa somente empoderar mais as mulheres ou dar espaço para elas. Significa ir além dos estereótipos como feminino objetificado, masculino como personagem alfa heroico, passando a representar tudo

o que está entre os dois modelos. Da mesma forma o conceito de raça, que vai além de incluir mais pessoas pretas em representações sociais, contemplando todo o espectro das nossas culturas, das gerações, incluí-los como se veem, dando sua própria voz.

2 **Narrativas comunitárias:** para além das fronteiras, para além de uma jornada do herói individual, na união de comunidades, suas culturas, saberes e diferenças. Em 2020, uma conexão importante e o compartilhamento de saberes aconteceram no mundo como nunca vimos.

3 **Celebração de corpo e biologia:** uma dança de ternura envolvente. Representação dos nossos corpos em celebração.

4 **Consciência ambiental:** o desenvolvimento de práticas sustentáveis, regenerativas, combinando várias tecnologias. Uma união entre o urbano e o rural, em que os dois possam se misturar, se integrar e ficar um dentro do outro.

5 **Evolução de valores:** a juventude está representando valores em todo o mundo. Os valores que os jovens defendem estão mudando.

6 **Ritual e espiritualidade:** ressignificar e pensar novamente como podemos representar a espiritualidade. Redescobrir tradições antigas, reconectar-se com a natureza e descobrir como os rituais podem ainda ter espaço em nossas vidas.

7 **Criatividade e as subculturas:** conectar-se com o que acontece nas ruas, em pequenos espaços e grupos e torná-los mais representativos e significativos em face do que acontece no mundo real.

Cápsula do Futuro

Em 2022, a Netflix lançou uma série chamada *O Futuro*. Nela, especialistas de diferentes áreas, futuristas e pesquisadores analisam tendências e criam cenários para imaginar o futuro em vários anos. A série é composta por episódios que imaginam cenários de futuros no nosso relacionamento com animais de estimação, entre pessoas, plantas de casa, jogos, turismo espacial, *cheeseburger*, vida após a morte, esportes, moda, edifícios, saúde e fones de ouvido. Ao todo são doze episódios de vinte minutos.

Design especulativo

> Aqueles que controlam a
> fantasia controlam o futuro.
> A mídia é a mitologia moderna.
> **Monika Bielskyte**

Pensar futuros significa ouvir ou criar narrativas. As narrativas são formas de tangibilizar e aproximar os cenários futuros do presente. O que tratamos aqui não é do desejo de prever o futuro, mas de pensar possibilidades de futuros alternativos, contribuindo para sua materialização.

O design especulativo pode ser chamado também de design crítico ou de futuros e de design de ficção. É uma área do conhecimento emergente que procura projetar produtos e serviços futuros como uma forma de entender o universo social, cultural e ético que as tecnologias em expansão provocam.

Assim, o design especulativo objetiva levar projetos em diferentes faixas de possibilidade e plausibilidade. Ao projetar diferentes produtos e serviços, utilizamos essa metodologia para nos ajudar a ver sob diferentes perspectivas nosso estado atual, gerando compreensão sobre as oportunidades de futuros.

Obi Felton afirma que o desenvolvimento tecnológico tem superado nossa capacidade de adaptação a ele, o que causa ansiedade sobre o impacto das tecnologias em nossas vidas.

Nossa incapacidade de interpretar, organizar e reconhecer os impactos da evolução humana no cotidiano contribui para a miopia que vivemos. Temos dificuldade em enxergar o futuro, e quando o fazemos estamos presos aos vieses que construímos socialmente.

Roy Charles Amara foi um futurista e presidente do Institute for the Future que ficou conhecido pela criação da "Lei de Amara", que leva seu nome. Nela, Roy alerta que temos a tendência a superestimar o efeito das tecnologias a curto prazo e a subestimar seu efeito a longo prazo. A adoção e o impacto de novas tecnologias e os modos como elas transformarão a sociedade podem levar um tempo, inclusive os impactos éticos, que nem sempre são observados ou reconhecidos a curto prazo.

Figura 10 – Lei de Amara.

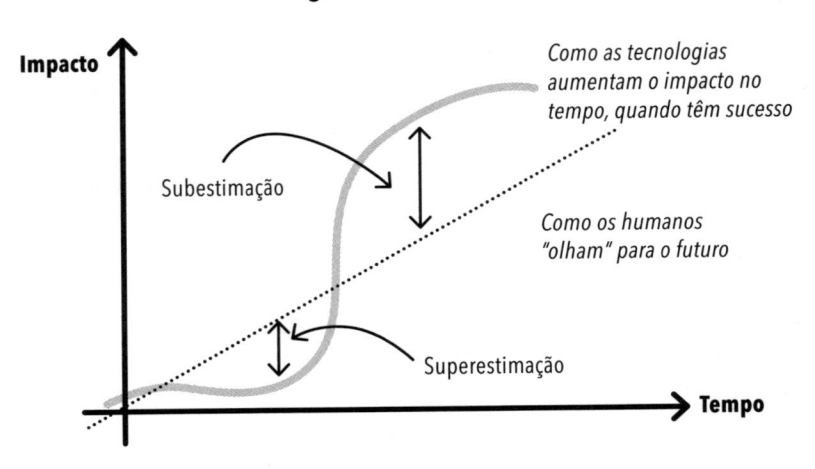

Fonte: adaptada de Sudha Jamthe/Twitter.

Nessa mesma linha de pensamento, Thomas Friedman (2017), autor do livro *Obrigado pelo atraso*, cita Eric Teller, CEO do laboratório de pesquisa do Google X, em que reflete sobre a velocidade com que as mudanças acontecem socialmente e sobre nossa capacidade de nos adaptarmos a elas. Ainda que historicamente a sociedade tenha se adaptado às mudanças, hoje o ritmo com que elas ocorrem é tão rápido que elevou nossa capacidade de absorver e de nos adaptarmos a elas.

Um exemplo é: desde a invenção do motor a combustão, nas décadas que se seguiram houve gradualmente a preparação de leis, convenções e estradas até que as ruas se enchessem de carros como vemos hoje. Atualmente os avanços tecnológicos têm provocado verdadeiros abalos sísmicos nas legislações e regulamentações. Podemos tomar como exemplo a origem do Uber e os desafios sociais impostos por essa nova modalidade de transporte e trabalho.

Outro exemplo são os avanços da IA vistos nos últimos anos e a dificuldade em mensurar as implicações éticas e sociais que eles trarão ao futuro das pessoas. No gráfico a seguir, o que fica evidente é que, para aumentarmos nossa capacidade de nos adaptarmos, precisamos também otimizar nosso aprendizado ao longo da vida.

Figura 11 – Adaptação à mudança.

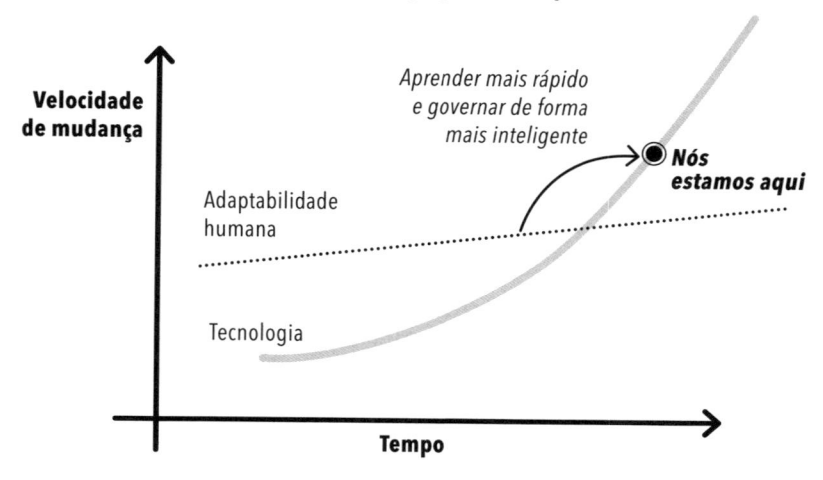

Fonte: Friedman (2017).

O design especulativo contribui para nos aproximarmos do futuro. O desafio, no entanto, é romper com preconceitos segundo os quais as ideias que surgem a partir do design especulativo são fantasiosas ou mágicas. Essa prática não é puramente utópica ou distópica, mas reconhece as complexidades que podem existir em um futuro no qual a tecnologia falha e as coisas dão errado, gerando momentos de aprendizado e insight.

E por que especular futuros?

Cada vez mais, as pessoas têm buscado as ferramentas do design de futuros a fim de se preparar para os desafios das funções que executam, especialmente nas áreas mais estratégicas, tanto em setores de produtos ou serviços quanto no desenvolvimento de cidades — ou seja, gestores, educadores, arquitetos, políticos, pesquisadores e cineastas buscam, por meio do design especulativo, imaginar cenários de futuro na área em que atuam.

Muitas empresas estão aplicando essa abordagem às suas estratégias de negócios, especulando sobre tudo, desde o futuro de seus produtos até os comportamentos de consumo dos seus clientes. O design especulativo permite a criação de uma lente com uma abordagem mais holística dos problemas para descobrir novas questões sobre o futuro.

É mais amplo, é uma abordagem que envolve a criação de artefatos e cenários especulativos para explorar futuros possíveis e desejáveis. Ao contrário do *design fiction*, o design especulativo não se concentra exclusivamente em tecnologias emergentes, mas pode explorar uma ampla gama de questões sociais, culturais e políticas. A abordagem pode envolver a criação de protótipos ou modelos que representem os futuros desejáveis, e esses protótipos podem ser usados para inspirar e orientar a inovação e a mudança social.

Dunne e Raby (2013), autores de *Speculative everything*: design, fiction, and social dreaming, propõem que, para a criação de futuros especulativos, nos perguntemos "e se...", promovendo o debate e a troca de ideias entre o que as pessoas querem e o que não querem para o futuro. Os autores defendem que, se especularmos mais sobre tudo, explorando cenários alternativos, a realidade se tornará mais maleável, ou seja, as ideias que são liberadas utilizando as ferramentas do design especulativo aumentarão as chances de alcançar futuros desejáveis. O design especulativo tem essa capacidade de provocar nossa imaginação, inspirando e encorajando a fluidez de ideias e abrindo novas perspectivas para resolver problemas.

Sempre que há uma tecnologia emergente ou uma tendência emergente, temos a chance de pensar sobre os cenários possíveis de futuros que se colocam à nossa frente, no limite da plausibilidade e da possibilidade de gerar percepções e direções que se tornam realmente poderosas e úteis em seu produto atual. Essas tecnologias e tendências permitem que você pense do ponto de vista do usuário e se torne crítico, que faça perguntas sobre o trabalho que está fazendo, se permitindo pensar novas metas e direções que talvez não tenhamos considerado até então. O design especulativo deveria ser uma prática comum, de atividade de pesquisa, de oportunidade para qualquer pessoa poder participar plenamente desse tipo de futuro.

Elliott P. Montgomery é um pesquisador de design, estrategista e educador que trabalha com cenários e investigações sobre o design especulativo. No diagrama a seguir, o professor da Parsons The New School tenta representar graficamente a maneira como essas áreas se relacionam, ampliando nosso olhar sobre o design especulativo para áreas como ficção científica, *design thinking*, crítica, ficção científica e arte — como num mapa:

Figura 12 – Mapa não finalizado do design especulativo.

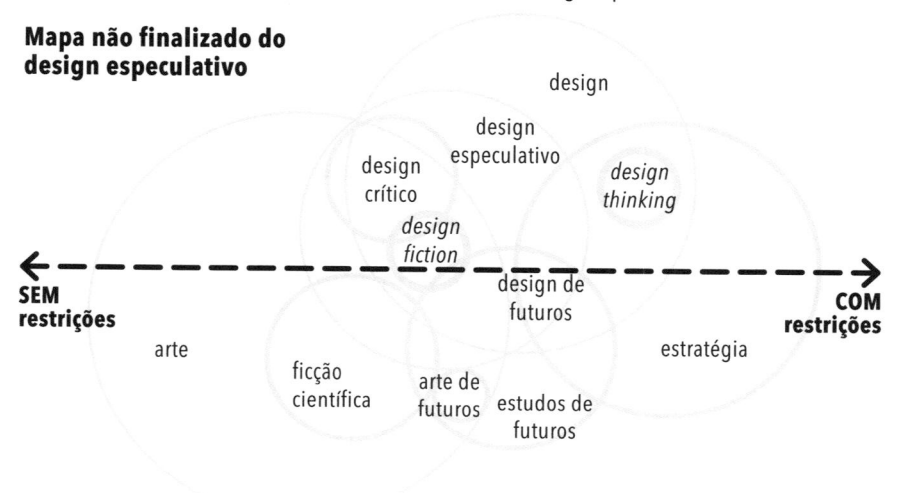

Mapa não finalizado do design especulativo

design

design especulativo

design crítico

design thinking

design fiction

← SEM restrições

design de futuros

COM restrições →

arte

ficção científica

arte de futuros

estudos de futuros

estratégia

OBS.: a escala não está relacionada ao nível de importância.

Fonte: EPMID (2023).

Um exemplo interessante da especulação de cenários é um desenho animado lançado em 1962 chamado *Os Jetsons* (você deve se lembrar), que mostrava como seria a vida de uma família no futuro. O desenho era cheio de inovações tecnológicas que, de maneira fictícia, retratavam a realidade da família. Hoje muitos daqueles cenários se concretizaram: chamadas de vídeo, TV de tela plana, tablet, esteiras rolantes, assistentes virtuais, *smartwatch*, robô de limpeza, carros elétricos, drones e *smart home*.

O objetivo do design especulativo é desafiar a imaginação e abrir novas perspectivas diante de situações ou problemas complexos. Ao criar espaços de discussões intencionais, as pessoas são encorajadas a imaginar de forma livre. Ele materializa o futuro, tornando-o significativamente real para que uma conversa coerente possa acontecer. Ele considera os futuros alternativos e, a partir da prototipagem ou definição de cenários, os designers conseguem não somente fomentar a discussão sobre as novas tecnologias e a sociedade, mas também refletir sobre importantes impactos éticos, sociais e ambientais que serão vivenciados no futuro.

Phil Balagtas (2020), fundador e presidente da The Design Futures Initiative, organiza encontros internacionais sobre especulação de futuros. Em suas palestras, ele ensina estratégias para projetar futuros considerando as questões éticas e as tecnologias emergentes.

Para Balagtas, podem surgir vários termos associados ao design especulativo, como design de ficção, design discursivo e design interrogativo. São maneiras de manifestar possibilidades para nos prepararmos para desafios inconvenientes e para facilitar um caminho mais sustentável e responsável para o futuro.

Assim, o design especulativo é uma forma de manifestar possibilidades, de nos prepararmos para desafios inconvenientes e de facilitar um caminho mais desejável e responsável para o futuro. Isso é possível por meio da criação de protótipos, cenários e experiências imersivas, promovendo opiniões e estimulando discussões sobre futuros preferíveis.

Design fiction

O *design fiction* está relacionado a narrativas, à contação de histórias, e está dentro do design especulativo. É uma técnica que envolve a criação de narrativas e artefatos fictícios, geralmente com base em tecnologias emergentes, para explorar as implicações sociais, culturais e políticas dessas tecnologias em potencial. Essas histórias e artefatos fictícios são frequentemente criados para parecerem reais, sendo usados para provocar discussões e reflexões sobre os possíveis futuros que eles descrevem. Elas abrem espaço para criar novas percepções, discussões, encorajam a imaginação e redefinem a nossa relação com a realidade.

Assim, criar um protótipo, um cenário de vídeo e uma história permite um tipo de envolvimento com as ideias, favorecendo a criação de maneiras e meios para o afrouxamento do controle da realidade em nossos pensamentos e permitindo abrir novos tipos de conversas e "sair da caixa". Para criar um futuro, precisamos contar histórias e convidar as pessoas a viverem dentro dessa história, imaginando seu lugar nesse futuro, descrevendo como se sentem e como se conectam com o que estão vivendo.

Um exemplo é o livro *1984*, de George Orwell, escrito entre 1946 e 1948 e publicado em 1949. O livro é uma distopia e um alerta contra o totalitarismo, e conta a história de Winston Smith, um funcionário do departamento de documentação que reescreve as notícias de tempos passados de modo que os arquivos dos jornais mantenham os interesses do Grande Irmão.

> O apartamento ficava sete andares acima, e Winston, que tinha 39 anos e uma úlcera varicosa acima do tornozelo direito, subiu lentamente, descansando várias vezes no caminho. Em cada patamar, do lado oposto ao poço do elevador, estava o pôster com o rosto enorme olhando da parede. Era uma daquelas fotos tão artificiais que os olhos perseguem a pessoa ao caminhar. "O GRANDE IRMÃO ESTÁ OBSERVANDO VOCÊ", dizia a legenda abaixo. Dentro do apartamento, uma voz suave lia uma lista de cifras que tinham a ver com a produção de ferro-gusa. A voz vinha de uma placa de metal alongada como um espelho opaco que fazia parte da superfície da parede direita. Winston girou um botão e a voz diminuiu um pouco, embora as palavras ainda fossem distinguíveis. O instrumento (a teletela, como era chamado) poderia ser esmaecido, mas não havia como desligá-lo completamente (Orwell, 2009, p. 13-14).

O livro é um romance que descreve as engrenagens do poder, fazendo-nos ficar atentos aos abusos e manipulações a que isso pode nos levar. O mote central do livro gira em torno de um funcionário público que reescreve a história, falsificando documentos para manter a versão oficial do Partido. A frase "Quem controla o passado controla o futuro; quem controla o presente controla o passado" é um trecho dessa obra. Em 1949, Orwell chegou a declarar que não acreditava que o que escreveu no livro pudesse ocorrer, mas que algo parecido sim.

Além das *fake news* e dos discursos totalitários, outra semelhança é o programa de TV *Big Brother*, que se inspira no livro *1984*. No programa de TV, o Big Brother é uma entidade invisível e misteriosa que comanda e observa os participantes confinados em uma casa, submetendo-os a provas, votações e eliminações. O *reality show* explora a convivência, os conflitos e os dramas dos participantes sob o olhar constante das câmeras e do público. O que o programa e o livro têm em comum é a ideia de exposição, vigilância e controle da vida privada, embora seus propósitos e consequências sejam diferentes.

#Cápsula do Futuro

1. **Her** (*Ela* – EUA, 2013, direção de Spike Jonze): em um futuro próximo, Theodore (Joaquin Phoenix) é um escritor solitário que se apaixona pela voz de um sistema operacional inteligente chamado Samantha (Scarlett Johansson). O filme explora as implicações éticas, emocionais e sociais de um romance entre um humano e uma máquina, questionando os limites da tecnologia e da humanidade. Her é uma obra poética e reflexiva sobre as relações contemporâneas e a solidão em tempos de hiperconectividade.

2. **Upload** (série com 3 temporadas; EUA, 2020, criada por Greg Daniels): em um futuro próximo, as pessoas podem escolher "carregar" sua consciência para um paraíso virtual antes de morrer. Nathan (Robbie Amell) é um programador que sofre um acidente de carro e decide se tornar um "upload". Ele é recebido por Nora (Andy Allo), uma funcionária da empresa que gerencia o serviço de upload. Os dois desenvolvem uma amizade e um possível romance, enquanto Nathan descobre os mistérios e os perigos do mundo digital. Upload é uma série de comédia, ficção científica e romance que questiona o valor da vida e da morte na Era da Tecnologia.

Futuros ancestrais

> Quando não souber para onde ir, olhe para trás e saiba pelo menos de onde vem.
>
> **Provérbio Africano**

Para aprofundarmos o conceito de futuros, precisamos questionar a visão ocidental, antropocêntrica, patriarcal e dominadora que temos de nós mesmos e do mundo. Nosso convite agora é para a reflexão sobre o que já foi, mas ainda é. A parte que muitos de nós perdemos ou esquecemos. Se chegamos aqui e aqui estamos, se vivemos nossa vida hoje, é porque houve uma comunidade que nos antecedeu, com seus saberes e fazeres coletivos.

Mas o que significa o conceito de ancestralidade? Ele está relacionado à ligação entre as gerações passadas e presentes, reconhecendo a memória, a cultura e a identidade de um povo. Dentro das teorias futuristas, trata-se de resgatar e valorizar as tradições e saberes dos antepassados em suas diferentes culturas. Uma pergunta que você pode fazer a si mesmo durante esta leitura é *Onde vive sua ancestralidade?* e, a partir disso, compreender que o que esteve próximo do seu passado continuará sendo uma eterna presença do seu ser. Você o carrega enquanto também transforma o futuro. Tomar consciência é fundamental para encontrarmos respostas que parece que não temos, por exemplo, como podemos salvar o planeta do risco climático a que o submetemos? Como encontrar saúde e proteger a civilização de novas pandemias?

Talvez esse exercício que estamos convidando você a fazer não seja fácil, sabe por quê? Pela nossa concepção ocidental, carregamos a ideia de um tempo linear e irreversível, como uma flecha que foi e não voltará. Tendemos a compreender, dentro dos vieses da nossa cultura, que não dominamos o que já foi, que não temos mais o que fazer pelo leite derramado. Porém, quando buscamos outras noções de temporalidade, descobrimos que existem formas diferentes de compreender o passado e atuar no futuro.

A interpretação temporal Nagô, por exemplo, compreende o "do hoje ao ontem", em que uma ação do presente pode ter um efeito no passado, ou seja, o tempo é reversível. Há outras interpretações, como a dos povos indígenas, segundo a qual o que já aconteceu antes pode vir à frente do que ainda está por vir. O conhecimento acumulado pelos povos ancestrais ao longo de milhares de anos precisa ser reconhecido para que possamos resolver os problemas que enfrentamos hoje no planeta.

Outro problema que temos está no fato de acreditarmos que estudamos e conhecemos as culturas ancestrais, que as compreendemos. Que sabemos algo sobre os índios ou sobre o povo africano. Falta-nos a consciência de que o que sabemos a respeito foi contado por nós mesmos.

Ruha Benjamin (2023), escritora e pesquisadora de estudos afro-americanos na Universidade de Princeton, nos Estados Unidos, é uma voz que questiona as narrativas em torno da modernidade e o fato de que elas também compõem os vieses da inteligência artificial. A maneira como compreendemos o progresso e olhamos para a história e a sociedade é de baixo para cima, segundo ela, ou seja, a estética e os saberes brancos se naturalizam, criando hierarquias que colocam outros saberes e práticas como primitivas, infantis ou menos importantes.

Uma das formas de combater as narrativas colonialistas baseia-se nos conceitos de pós-colonial, decolonial, descolonial e contracolonial. Vamos ver a diferença?

- **Pós-colonial** é o termo que se refere ao período posterior à independência. Há um conjunto de estudos críticos que analisam as consequências das sociedades colonizadoras sobre as colonizadas, especialmente sobre sua cultura e os impactos políticos e econômicos do colonialismo. Essas leituras e interpretações são realizadas a partir do pensamento europeu, influenciadas, especialmente, pelos estudos dos pós-estruturalistas, como Michel Foucault e Jacques Derrida.
- **Decolonial** é a primeira perspectiva que surge depois do pós-colonial, e tem início com pesquisadores latino-americanos no fim da década de 1990. Trata-se de um pensamento que tenta superar e romper com a colonização e a continuidade das relações de poder e saberes impostas pelo colonialismo e o paradigma da modernidade ocidental.
- **Descolonial** é uma perspectiva teórica que se refere ao processo histórico de superação e luta contra o colonialismo e as relações de opressão causadas por ele.
- **Contracolonial** são movimentos e atitudes de oposição e resistência ao colonialismo. Trata-se de uma postura crítica, criativa e transformadora diante das estruturas criadas pelo colonialismo e da modernidade ocidental.

Uma imagem que define com clareza o movimento de consciência e rompimento com a cultura do colonizador é do artista uruguaio Joaquín Torres García. Em 1943, ele criou a representação *América invertida*, um desenho a caneta, juntamente com um artigo chamado "Escuela del Sur", em que defende a autonomia latino-americana, resgatando a arte indígena e sua geometria e refutando as perspectivas nortecêntricas e o imperialismo cultural da colonização europeia sobre as Américas.

Quando tomamos consciência do quanto somos influenciados e reproduzimos a lógica "colonial", conseguimos enxergar novas oportunidades de pensar futuros. A colonialidade do poder afeta o design e os estudos de futuros, inclusive a criação de cenários. Como afirma o sociólogo peruano Aníbal Quijano, tendemos a considerar a ideia de raça como forma de classificação social e denominação, o capitalismo como forma de exploração, o Estado-nação como forma de exploração e os eurocentrismos como forma de controle das subjetividades e intersubjetividades.

Ao considerarmos os futurismos decoloniais, transcendemos o pensamento eurocêntrico e acolhemos os saberes e culturas do afrofuturismo, do amazofuturismo e do pensamento ancestral andino de futuros, por exemplo.

Masi Mbewe é uma artista, escritora, fotógrafa e ativista africana, criadora do projeto *The Afrofuturist Village*, uma exposição de arte que busca reimaginar a identidade e a cultura africanas de maneira inclusiva, diversa e futurista. Na adolescência, Masi leu muitos livros de histórias infantis e romances, porém começou a perceber que o conteúdo era proveniente do primeiro mundo: Estados Unidos ou Europa. Com isso, passou a ajudar a impulsionar, por meio do afrofuturismo, diversos tipos de expressões culturais e artísticas do continente africano.

No Brasil, Ailton Krenak (2022), líder indígena, escritor e ambientalista, tem produzido reflexões sobre a ideia de futuro inspirada pela sabedoria ancestral dos povos originários. Essa visão está ancorada nos saberes ancestrais de conexão e respeito à natureza e outros seres. Suas reflexões nos trazem referências também sobre a concepção de educação dos povos originários, evidenciando novas lógicas de pensar para além da colonialista ocidental.

Sob essa perspectiva, as crianças não são educadas, mas orientadas. Não aprendem a vencer, mas a partilhar o lugar onde vivem e o que têm para comer. Aprendem a colocar o coração no ritmo da terra. A escola não é um prédio, mas uma experiência geracional de troca com pessoas que passaram por diferentes situações, cujo conteúdo poderá ajudar as crianças a se prepararem para a vida adulta. Por isso, a escola nas aldeias pode ser embaixo de uma árvore, a experiência pedagógica pode ser realizada na beira de um córrego, numa laje de pedra, em qualquer lugar.

Leonardo Boff (2021), em *Casamento entre o céu e a terra*, uma obra cheia de histórias, valoriza e ajuda a divulgar a cultura e a sabedoria dos povos originários do Brasil. Ele nos conecta com nossa falta de consciência sobre a influência da cultura indígena sobre nossas vidas: quando tomamos banho, deitamos em redes, comemos batata-doce e pipoca ou fazemos inúmeros pratos com farinha de milho, esquecemos que por trás dessas coisas há um trabalho cultural ancestral de milhares de gerações indígenas.

Boff nos alerta para a visão que temos de que os índios são povos primitivos, incultos, ultrapassados e nos convida a revisitar a sabedoria indígena e sua relação humana com a natureza para que possamos nos inspirar a viver de forma mais harmônica e sustentável no nosso planeta — casando o céu e a terra, mantendo unidos espírito e matéria, o Grande Espírito e o espírito humano, para assim salvarmos a humanidade e a nossa Grande Mãe Terra.

No entanto, além de nos perguntarmos onde vive a nossa ancestralidade, é fundamental reconhecermos que somos ancestrais das novas gerações e nos questionarmos: que tipo de ancestral eu sou? Qual o legado que deixo para o futuro? Como podemos ser bons ancestrais? Importar-se com o futuro, como nos alerta Krznaric (2021), requer um *mindset* de legado e um profundo senso de justiça intergeracional. Para tanto é fundamental desenvolver o senso de tempo profundo, um pensamento de longo prazo, como os povos indígenas, que planejam o futuro considerando até a sétima geração.

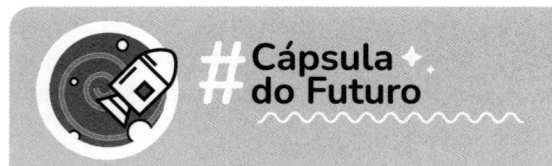

 # Cápsula do Futuro

Pantera Negra (EUA, 2018, direção de Ryan Coogler): T'Challa (Chadwick Boseman) é o príncipe herdeiro de Wakanda, uma nação africana secreta e avançada graças ao metal vibranium. Após a morte do pai, ele assume o trono e o manto do Pantera Negra, o protetor de seu povo. No entanto, T'Challa enfrenta a ameaça de Erik Killmonger (Michael B. Jordan), um primo exilado que deseja usurpar o poder e iniciar uma revolução mundial. O filme explora temas como racismo, colonialismo, identidade e tradição, mostrando o contraste entre a cultura ancestral de Wakanda e a tecnologia futurista desenvolvida por essa nação.

O futuro do planeta

> ... a despeito da nossa orgulhosa pretensão de dominar a natureza, ainda somos suas vítimas na medida em que não aprendemos a nos dominar a nós mesmos.
>
> **Carl Gustav Jung**

O futuro é incerto. As mudanças climáticas, as epidemias, as crises econômicas, a exclusão social e os pensamentos extremistas destroem as imagens convencionais do futuro e geram uma sensação de ansiedade e desesperança, especialmente nos mais jovens. O planeta em perigo, o retrocesso a que assistimos na governança democrática em muitos países, a evolução tecnológica, especialmente a IA e suas implicações éticas e o futuro dos empregos, se apresentam como cenários incertos a quem queira imaginar.

O relatório da UNESCO (2022) *Reimaginar nossos futuro juntos* evidencia a importância e o papel da educação na transformação do futuro, mas, por outro lado, questiona por que ainda não conseguimos cumprir a promessa de ajudar a construir futuros mais pacíficos, justos e sustentáveis, o que deixa o mundo em uma grande encruzilhada.

Os jovens têm liderado movimentos exigindo ações mais significativas na proteção do planeta e lutando contra a discriminação e a injustiça. Eles tendem a ser mais otimistas que os adultos quanto ao futuro, segundo uma pesquisa realizada pelo UNICEF (2021) e pela Gallup.

O estudo compara a visão de mais de 21 mil adolescentes e adultos em 21 países. Quando questionados se o mundo está se tornando um lugar melhor para cada nova geração, 57% dos jovens afirmam que sim, contra 39% de adultos. Esse dado sem dúvida é o que nos deixa mais otimistas, apesar de os jovens não estarem imunes aos transtornos mentais associados à preocupação com o futuro. Cerca de 22% dos adolescentes e jovens dizem se sentir deprimidos e com pouca vontade de realizar atividades cotidianas, e 48% deles se sentem frequentemente nervosos, preocupados ou ansiosos.

É por isso também que a UNESCO ([2023]) vem liderando um movimento para nos ajudar a imaginar futuros mais seguros e otimistas. Se as imagens que criarmos do futuro não inspirarem esperança e colaboração, há um grande risco de entrarmos em desespero e em guerra. Esse movimento visa estimular pessoas e comunidades a se alfabetizar em futuros, democratizando as imagens que podemos criar sobre o futuro e ampliando nosso horizonte de atuação e nossa capacidade de mudar a sociedade.

O papel da escola e especialmente o do professor serão fundamentais na criação de estratégias e atividades que ajudem a desenvolver o letramento de futuros. Essas estratégias têm o objetivo de implantar uma consciência de pertencimento coletivo, estimulando a cocriação fundamentada na sustentabilidade, na paz, na saúde mental e na inclusão de pessoas. Isso será fundamental para garantirmos nossa existência no planeta.

A cada ano, estamos nos afastando mais rapidamente do espaço de funcionamento seguro para a humanidade na Terra, e pela primeira vez somos forçados a considerar o risco real de "desestabilizar todo o planeta". É o que afirma o estudioso do impacto climático Johan Rockström (2023). Johan é um cientista sueco, reconhecido internacionalmente por seus estudos sobre as questões de sustentabilidade global. Para evidenciar a crise climática que vivemos, ele mostra que 9 dos 15 grandes sistemas biofísicos que regulam o clima (do *permafrost* — camada que permanecia congelada — da Sibéria às grandes florestas do Norte e à Floresta Amazônica) correm o risco de atingir pontos críticos, o que poderia tornar a Terra inabitável para a humanidade:

1 Estamos há apenas algumas décadas de um Ártico sem gelo.
2 Na Sibéria, o *permafrost* está descongelando em um ritmo dramático.
3 A Groenlândia está perdendo bilhões de toneladas de gelo, aproximando-se de um ponto crítico.
4 As florestas do norte estão ardendo em chamas.
5 A circulação do oceano Atlântico está diminuindo.
6 A Floresta Amazônica está enfraquecida e deverá emitir gás carbônico nos próximos anos.
7 Metade do coral da Grande Barreira de Corais já morreu.
8 A Antártida ocidental pode ter atingido o ponto crítico.
9 Os glaciares mais sólidos do planeta, na Antártida oriental, estão se tornando instáveis.

Todos esses sistemas estão chegando a pontos críticos que gerarão, segundo Johan (2023), três problemas:

1 A subida do nível do mar: aumento de 1 metro durante este século, impactando mais de 200 milhões de pessoas.
2 Se os armazéns de carbono passam a liberar carbono, isso dificultará a estabilização das temperaturas.
3 Como os sistemas estão ligados como um dominó, um afetará os outros.

Para entender o impacto desses problemas, é preciso considerar que a nossa civilização conseguiu prosperar com o cultivo da agricultura quando as temperaturas se estabilizaram, ou seja, nem tão frio nem tão quente. Esse cenário foi possível porque há 10 mil anos, desde quando saímos da última idade do gelo, a temperatura parou de oscilar, nunca ultrapassando o limite de 2 graus Celsius. Porém, há somente três gerações a temperatura está instável, tendo voltado a oscilar entre 3 e 4 graus Celsius, o que leva a considerar uma emergência planetária, que gerará perigos irreversíveis no planeta nos próximos dez anos.

O que vivemos neste momento é um intervalo, uma brecha no tempo para mudarmos esse futuro e reverter o mal que fizemos até agora. O caminho é pensar em formas de estabilizar o planeta. Nas palavras de Rockström, somos a primeira geração a saber que enfrentamos riscos ambientais globais sem precedentes, mas, ao mesmo tempo, a última com uma chance significativa de fazer alguma coisa em relação a isso.

A estabilização da temperatura do planeta aconteceu só nos últimos 10 mil anos, com o **Holoceno**, a época geológica que marca o fim da última glaciação vivida pelo planeta, permitindo o desenvolvimento das civilizações modernas. Foi somente nesse período que conseguimos encontrar condições climáticas adequadas para desenvolver a agricultura. A partir da década de 1980 iniciou-se o período que passamos a chamar de **Antropoceno**, no qual passamos a considerar os efeitos da humanidade sobre o planeta, efeitos estes causados por invenções como o concreto, o alumínio, o plástico e o agrotóxico. É a época geológica na qual o ser humano se constituiu como vetor dominante de mudanças na Terra.

Não há consenso entre os cientistas sobre quando o Antropoceno teria surgido. Alguns defendem seu início com o surgimento da agricultura, há 10 mil anos; outros, com a Revolução Industrial, a explosão da bomba atômica ou o período pós-guerra, a partir de 1950; no entanto, o conceito ainda não foi oficialmente reconhecido pela Comissão Internacional de Estratigrafia.

Desde então, com o crescimento da população e as transformações geradas pelo homem no planeta, especialmente com relação ao consumo de energia, observamos três grandes marcos: o primeiro, mais tênue, resultante do desenvolvimento industrial concentrado na Europa; o segundo, depois de 1950, após a Segunda Guerra Mundial; e o terceiro, mais recente, com o crescimento exponencial dos habitantes no planeta.

Figura 13 – Relação entre o crescimento da população humana e consumo de energia.

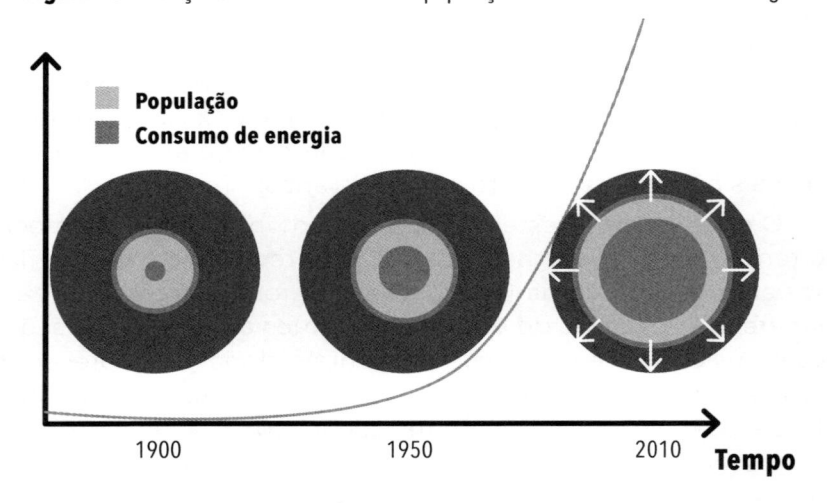

Fonte: adaptada de Araújo (2023).

No cenário de crise ecológica planetária sem precedentes que surge em 2009, está o conceito de fronteiras planetárias, defendido por Johan Rockström. As fronteiras planetárias representam um subsistema de funcionamento da Terra que manteve o planeta estável ao longo de todo o Holoceno. Elas preservam o nosso planeta num estado que permite à humanidade prosperar. As fronteiras planetárias estão intimamente ligadas, de modo que exercem impacto umas sobre as outras e têm a capacidade de regular o funcionamento do planeta. O problema é que o impacto humano sobre esses subsistemas tem colocado em risco o rompimento dessas fronteiras, provocando instabilidades que podem acabar com a vida humana no planeta.

Assim, as fronteiras funcionam como um guia que nos mostram os limites seguros e nos ajudam a orientar a transformação de que precisamos. O grupo de cientistas liderados por Johan definiu estas nove fronteiras planetárias:

Figura 14 – Os nove limites do planeta.

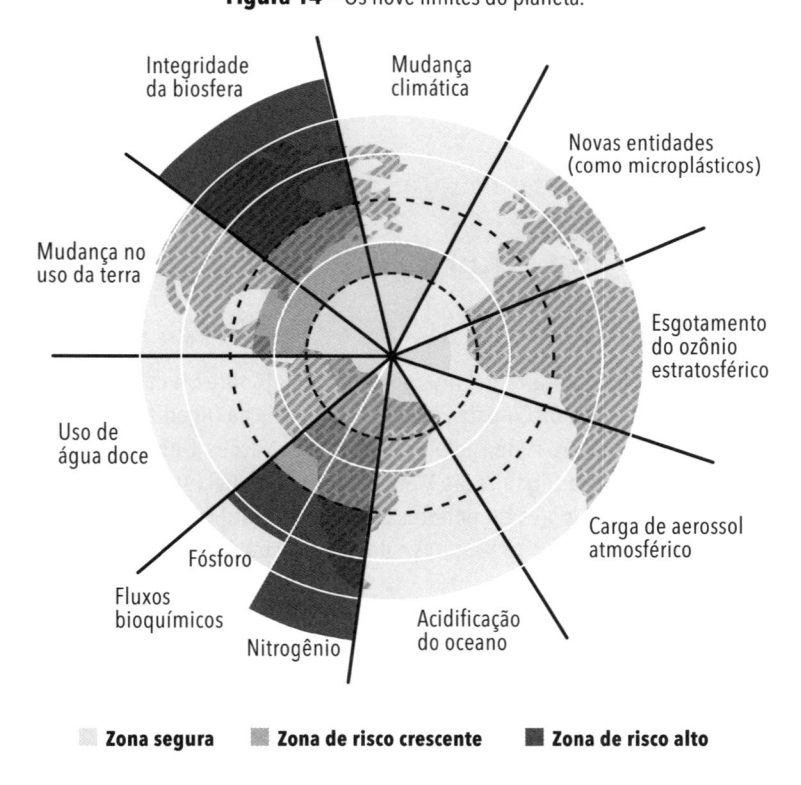

Zona segura   Zona de risco crescente   Zona de risco alto

Fonte: Pais (2021).

As fronteiras interconectadas são essenciais para a estabilidade do planeta. Cada dimensão é muito importante individualmente, mas é muito mais relevante sua interconexão com os outros subsistemas. Ao cruzarmos essas fronteiras, a humanidade aumenta os riscos de sobreviver na Terra. Dos nove limites, quatro já foram ultrapassados: mudanças climáticas, integridade da biosfera, mudanças de uso do solo e fluxos químicos.

Para colocar o planeta de volta no caminho da sustentabilidade nos próximos dez anos e proteger o futuro de nossos filhos, precisamos compreender que não somos seres isolados, e sim uma comunidade local ampliada em uma comunidade global. Compartilhamos o mesmo planeta, as mesmas terras, o mesmo ar, as mesmas águas; toda a vida na Terra está interligada. Todas as espécies e ecossistemas têm direitos, não somente os seres humanos. Precisamos ampliar a compreensão sobre os indicadores da solidariedade intergeracional e reconhecer que as futuras gerações nunca nos perdoariam se desistíssemos de salvar seu futuro enquanto ainda houvesse esperança e possibilidade de mudar.

#Cápsula do Futuro

IPCC é a sigla em inglês para Painel Intergovernamental sobre Mudanças Climáticas (Intergovernmental Panel on Climate Change). É um órgão da Organização das Nações Unidas (ONU), criado, em 1988, pelo Programa das Nações Unidas para o Meio Ambiente (PNUMA) e pela Organização Meteorológica Mundial (OMM) com o objetivo de fornecer aos formuladores de políticas avaliações científicas regulares sobre as mudanças climáticas e seus riscos futuros e de propor estratégias para sua mitigação. Para saber mais, acesse:

https://www.ipcc.ch/

Em 1992, a Organização das Nações Unidas (ONU) realizou, no Rio de Janeiro, a conferência sobre o meio ambiente e desenvolvimento conhecida como Rio 92. Participaram dela 179 países que entraram em acordo sobre a Agenda 21 Global, um programa abrangente que objetivava estabelecer um novo padrão de desenvolvimento, denominado sustentável. Nosso país foi protagonista da maior conferência ecológica de todos os tempos e lançou as bases para novos encontros e tratados internacionais sobre o meio ambiente.

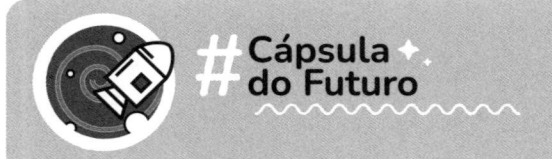 

Para saber mais sobre a Rio 92 e a Agenda 21, bem como acessar os documentos produzidos na íntegra, acesse o link:

http://tinyurl.com/58mw4az3

Passados vinte anos da Rio 92, uma nova cúpula mundial foi realizada para discutir a questão ambiental: a Rio+20, novamente na cidade do Rio de Janeiro. O foco da conferência recaiu sobre o conceito de economia verde, e o documento mais importante gerado após os debates foi intitulado "O futuro que queremos". A partir dele e nos anos seguintes à Rio 92, a ONU chegou à formulação de dezessete Objetivos de Desenvolvimento Sustentável (ODS), aprovados em 2015. A Agenda 2030, como ficou conhecida, divide os dezessete ODS em 169 metas a serem alcançadas até 2030, evidenciando que o desenvolvimento sustentável vai além da perspectiva ambiental.

Quer uma ajuda para imaginar o futuro daqui a trilhões de anos? Este vídeo viaja exponencialmente no tempo de 2019 para o futuro do universo, imaginando e criando o futuro da Terra, do sol, dos planetas e do universo. Por menores que sejamos diante desse cenário de tempo, ainda é possível pensar no enorme potencial que temos e no papel que desempenhamos diante das descobertas sobre o nosso planeta e o universo.

http://tinyurl.com/bpask2dt

COCRIAR FUTUROS

> O futuro não é um ponto-final, mas um lugar
> de oportunidade.
>
> **Monika Bielskyte**

Imagine entrar em um lugar que te leva para o mundo daqui a cinquenta anos. E, à medida que você o explora, percebe como o desenvolvimento histórico contribuiu para uma humanidade melhor por meio de uma economia global e mais forte.

Assim que ingressa no novo mundo, você acessa recursos, imagens, informações que vão desde inteligência artificial, robótica, realidade virtual, biotecnologia até a sustentabilidade. O que era tendência agora é uma realidade...

E se te contarmos que esse lugar já existe? Em uma estrutura ovoide metálica, divulgado como uma incubadora de ideias e projetos, um motor de inovação e um destino global para inventores e empreendedores, o Museu do Futuro, em Dubai, foi especialmente desenvolvido para inspirar e incentivar a imaginação, o pensamento criativo e a participação ativa dos visitantes no processo de criação de um futuro melhor.

Iniciativas como a do Museu do Futuro se baseiam em um fato neurocientífico que revela um aspecto altamente relevante do nosso cérebro: **o modo como interpretamos o mundo é resultado da combinação de informações, conhecimentos, valores e experiências preexistentes**.

Para tangibilizar essa afirmação, imagine o seu cérebro como um *mestre construtor do Lego*. Você tem um monte de peças que representam o seu conhecimento e experiências anteriores. Quando você percebe algo, o seu cérebro usa essas peças para interpretar e entender o que está acontecendo.

Assim como um mestre construtor usa as peças de Lego para criar diferentes formas e estruturas, o seu cérebro combina as informações que já tem para elaborar novas ideias e possibilidades. Isso permite imaginar coisas que nunca vimos antes, pensar e criar futuros diferentes.

Agora imagine esse mesmo *mestre construtor* com peças que representam coisas ruins ou negativas, como problemas e dificuldades. Será difícil construir algo novo, positivo. Na linguagem futurista, será difícil construir cenários protópicos.

Como podemos imaginar futuros desejáveis e alcançar os futuros possíveis se nosso repertório é dominado por visões distópicas?

Precisamos de *peças de Lego* que representem ideais, conhecimentos, soluções e coisas positivas para que possamos imaginar futuros melhores. Ou seja, **precisamos de repertório**. Com base em Daros (2023, p. 23):

> ... nosso cérebro está sempre nos oferecendo um leque de possibilidades, mas apenas gerar ideias não é o suficiente. [...] Trata-se de desmontar e remontar as próprias vivências, as próprias experiências e os próprios saberes. É combinando o que se sabe com o que se conhece que se cria algo.

Um repertório bem trabalhado permite adquirir referências, preparando-nos para o momento em que precisaremos recorrer a elas. Para enriquecer o repertório e, de maneira colaborativa, ser capaz de cocriar e desenvolver soluções inovadoras para os desafios do futuro, é essencial nutrir a mente com pensamentos resolutivos e não colocar foco exclusivo nos possíveis problemas.

 # Olha só!

LEMBRE-SE!

O cérebro do seu estudante é como um mestre construtor, e, como docente, você pode fornecer as peças de Lego certas. Nutra-o com conhecimento, experiências e informações que inspirem e tragam soluções. Dessa forma você contribuirá para construir um futuro cheio de oportunidades e realizações.

Um dos pontos que mais nos fascinam nesta área de estudos está no fato de que, ao promover o letramento de futuros, aos indivíduos é permitido reconhecer que **o futuro é incerto e sujeito a mudanças**. Assim, promove-se a capacidade de se adaptar, de ser flexível e de lidar com a ambiguidade, mantendo a mentalidade mais aberta às novas possibilidades e trazendo a consciência da necessidade de "superar a resistência cega à mudança e a pobreza de imaginação" (Larsen, 2020, p. 1).

A resistência cega à mudança é a tendência humana de resistir a qualquer tipo de mudança, mesmo quando ela pode ser benéfica ou necessária. Muitas vezes as pessoas preferem permanecer em sua zona de conforto e rejeitam ideias ou abordagens novas, simplesmente porque estão acostumadas com a forma antiga de fazer as coisas. Essa resistência pode ser irracional e impedir a evolução pessoal, profissional ou social.

Por outro lado, a "pobreza de imaginação" refere-se à escassez de criatividade ou à ausência da capacidade de imaginar novas possibilidades e soluções. Isso pode ocorrer quando as pessoas estão presas a modelos mentais rígidos ou não conseguem pensar além das limitações existentes. A escassez da capacidade imaginativa pode restringir o desenvolvimento de novas ideias, da inovação e evolução em geral.

É da capacidade de saber como imaginar o futuro e de ter consciência dos motivos pelos quais isso é necessário que nasce a possibilidade de **criar os futuros desejáveis**.

Mas do que se trata a criação de futuros? Como promover o letramento de futuros? Quais são as estratégias que potencializam o pensamento de futuros?

A criação de futuros se refere ao processo de **conceber e desenvolver** cenários, ideias e ações que possam moldar e influenciar as ações do presente para o futuro de maneira intencional e positiva. É uma ação proativa que envolve imaginação, visão e planejamento a fim de concatenar e direcionar os eventos em direção aos resultados desejados.

Ao criar futuros, os estudantes poderão explorar **alternativas e possibilidades** além do status quo vigente. Isso implica questionar suposições, desafiar limitações e explorar diferentes perspectivas.

Ofertar uma Pedagogia de Futuros requer mais do que apresentar os aspectos teóricos basilares para a compreensão do propósito e da necessidade de pensar e criar futuros possíveis; também é preciso compartilhar diferentes estratégias que podem auxiliar os docentes no desenvolvimento da fluência em futuros dos estudantes, respeitando as especificidades e objetivos de aprendizagem de cada área de formação.

Profissionais da educação são designers de experiência!

No contexto da Pedagogia de Futuros, a sala de aula precisa ser concebida como um ateliê de aprendizagem, isto é, um espaço voltado para a criação, onde se permite **a experimentação, a produção e a manipulação de diferentes materiais para gerar artefatos**.

Em um ateliê de aprendizagem, o professor se torna um designer de experiências, **permitindo novas práticas, novas maneiras de pensar e aprender**.

Nesse contexto, é necessário **adaptar a aprendizagem** conforme as necessidades e características de cada conhecimento, para que o estudante se aproprie de competências e habilidades e, então, desenvolva o superpoder do design!

O superpoder do design na construção de uma Pedagogia de Futuros

É provável que você nunca tenha pensado sobre o quanto o design faz parte da sua vida ou, até mesmo, o quanto de você é um designer!

Estamos constantemente pensando e criando alternativas, ferramentas, soluções para resolver problemas cotidianos, algumas vezes de forma intencional e outras não. Quando mobilizamos nossos desejos, emoções, pensamentos e ações para criar, projetar e desenhar, estamos atuando como designers.

Na condição de seres humanos, constantemente modificamos nosso entorno e criamos tudo o que não encontramos pronto na natureza. Esse poder nos fez chegar até aqui. Nos permitiu evoluir, sobreviver e projetar caminhos possíveis.

A evolução humana foi impulsionada pela nossa capacidade de inventar e recriar ferramentas, favorecendo o desenvolvimento da espécie e de toda a sociedade e impulsionando mudanças que transformam significativamente nosso modo de viver.

Heber Simon, economista e pesquisador na área da psicologia, tecnologia e sociologia econômica, é hoje um dos autores mais importantes no campo do design. Em seu livro *A ciência do artificial*, ele estuda a relação entre o natural e o artificial, compreendendo a atuação humana na construção de elementos, ambientes e artefatos por meio da alteração do meio natural.

Para Simon, não somente os engenheiros são capazes de projetar, mas também qualquer pessoa que conceba uma ação cujo objetivo seja transformar condições existentes em condições preferíveis. Assim, todos atuam como designers. Em todas as profissões, desde as escolas de engenharia, negócios, educação, direito e saúde, há uma preocupação centrada no design.

O artefato, por sua vez, é pensado por Simon (1996) como um ponto de encontro, ou seja, uma "interface" entre um ambiente "interno", a substância e a organização do próprio artefato, e um ambiente "externo", no qual ele opera.

Ampliando a visão de Simon, Juliana Proserpio (2023) entende que classificar o natural em contraposição ao artificial poderia traduzir certo equívoco na compreensão da ação humana sobre o mundo, reduzindo a artificialidade ao não natural. Ela propõe, então, compreender o design em quatro graus de naturalidade:

1 Projetado e produzido pela natureza: por exemplo, a floresta, os animais, a geografia natural.

2 Projetado por humanos e produzido pela natureza: por exemplo, as fazendas, em que há uma interferência humana sobre a natureza.

3 Projetado e produzido por humanos: por exemplo, a produção de todos os objetos e recursos, tais como nossas casas, empresas, roupas e alguns tipos de comida.

4 Projetado por humanos e que criam soluções por si mesmos: são as ferramentas de inteligência artificial e *machine learning*, que passam a criar por si próprias.

Figura 15 – Compreensão do design.

Fonte: Proserpio (2023).

O campo do design desenvolveu processos de pensamento e aprendizado que permitem a resolução de problemas complexos e incertezas sobre o mundo. Nos últimos anos, temos visto uma quantidade extensa de pesquisa nas áreas de design e estudos sobre futuros com foco em potencializar a especulação e a antecipação de mudanças no tempo presente. Um dos meios é imaginar futuros a partir do desenvolvimento de uma prática social ativa focada em desafiar os modelos mentais dominantes e agregar valor.

Richard Buchanan (1989) foi responsável por ampliar a visão de design para uma concepção mais holística e conectada com a sociedade. Ele interpretou a evolução do design ao longo da história, concebendo-o para além do design gráfico, ou seja, sua visão desconstruiu a ideia do design como área relacionada somente à estética e à função para uma visão mais abrangente, considerando o contexto social, cultural, ambiental e econômico de produtos e serviços criados pelo homem.

A evolução do design está associada à sua relação com a sociedade e à sua resposta às necessidades e demandas em constante transformação. Dessa forma, preocupações estratégicas, por exemplo, questões éticas, cognitivas e sociais, passam a ser consideradas.

Além disso, Buchanan relacionou o design com quatro camadas, indo da mais simples para a mais complexa. Na primeira, o **design gráfico ou de símbolos**, a ênfase recai sobre a construção de elementos gráficos, visuais e imagéticos para o processo de comunicação. Transformar a comunicação em elemento gráfico é uma forma de projetar a mensagem que queremos transmitir, materializando-a com o uso de tipografias, ilustrações, fotografias, grafismos e imagens.

A segunda camada trata do **design industrial**, cujo objetivo é projetar objetos físicos que sejam úteis para as pessoas, com a utilização de diferentes materiais, ferramentas e até mesmo tecnologias apoiando a interação do homem com o mundo.

A terceira camada é o **design de interações**, relacionada ao comportamento das pessoas e à sua interação por meio de experiências. O foco é projetar processos de interação, serviço e experiência do usuário com suas escolhas e o mundo. Por fim, o **design de sistemas** é empregado para projetar ambientes e sistemas dinâmicos. Trata-se da interação humana, com informações, cultura e organizações.

Figura 16 – As quatro camadas do design.

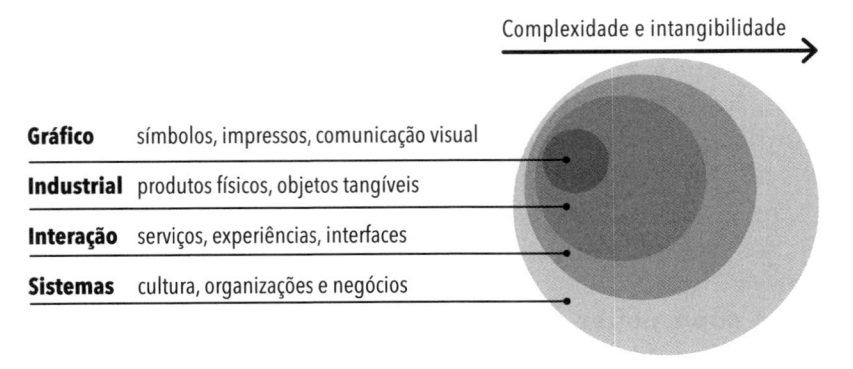

Fonte: Buchanan (1989).

A ideia, com essa ilustração, é conectar você com a importância do design na construção de pensamentos, mentalidades, culturas e comportamentos capazes de transformar realidades.

O design transforma. Dentro da sua própria casa, na sua sala de aula, você pode transformar rotinas, espaços e símbolos que tornem a vida de seus estudantes melhores.

Você deve se lembrar... nas escolas, com o aumento da violência e os ataques a professores e estudantes, a organização da entrada e saída, a diminuição de filas e o acesso a portões exclusivos melhoram não somente a segurança das famílias como também o congestionamento e o tempo de espera.

Todos nós, em algum sentido, podemos melhorar nosso entorno utilizando algumas ferramentas do design. Aplicamos o design, em suas diferentes camadas, no nosso cotidiano, mas para isso precisamos estar abertos ao novo e à mudança, já que o princípio do design é a transformação. Mais do que isso, precisamos nos conectar com o futuro, ouvir suas vozes, murmúrios, interpretá-lo. Para tanto, muitas vezes precisamos silenciar o presente, limpar, organizar a bagunça e o ruído na nossa mente.

O design, nesse sentido, é uma ferramenta poderosa para mapear vieses e modelos mentais resistentes, além de projetar ações para desenvolver uma mentalidade disruptiva. Não dá para falar, por exemplo, de design de futuros sem entender como as coisas emergem e quão abertos estamos para enxergar e dar nossos próximos passos.

Rian Dutra (2022), com base no design e na psicologia, mapeou uma série de vieses que afetam a maneira como tradicionalmente tomamos decisões. Ele mapeou os vieses cognitivos mais comuns e apresentou argumentos sobre como eles afetam nosso comportamento cotidiano, nossa forma de pensar e agir. Reconhecer a existência de vieses nos mobiliza a questionar e descobrir problemas invisíveis.

Um professor que atue como designer será capaz de criar soluções que até podem parecer óbvias, mas que a maioria não poderia enxergar. Para consolidar a relevância do tema da **cocriação e o superpoder do designer** no contexto da Pedagogia de Futuros, desafiamos você a fazer um exercício reflexivo.

Você já parou para imaginar como serão as salas de aula do futuro? Pensar nos recursos que estarão disponíveis, quais formatos serão aplicados e, principalmente, quais relações serão estabelecidas diante dessas novas possibilidades é algo muito motivador e também desafiador.

O fato é que há muitos anos, especialmente após a democratização da internet, muito se tem falado sobre as transformações que ocorrerão no futuro! Diversas previsões foram (e são) feitas sobre a criação e a incorporação das novas tecnologias e sobre como elas poderiam modificar drasticamente a nossa sociedade. Na educação não é diferente! Justamente nesse contexto, a ideia da ciberarquitetura da sala de aula passa a ser cada vez mais disseminada e consequentemente aplicada nas instituições educativas, não só no Brasil mas em todo o mundo.

O termo "ciberarquitetura da sala de aula" refere-se à organização de um espaço físico convencional flexível que integra fortemente as ferramentas digitais, a conectividade e outros recursos e tecnologias que potencializam a aprendizagem dos estudantes.

Em outras palavras, são salas de aula inteligentes, concebidas para proporcionar os processos pedagógicos por meio da convergência das mídias analógicas e digitais com recursos pedagógicos e tecnológicos concebidos pela ciberarquitetura. Contemplam, ainda, a integração de diferentes espaços em uma única sala de aula.

A ilustração de Kris Layng retrata uma sala de aula de realidade aumentada, imaginado pelo Future Reality Lab. Segundo essa ideia de sala de aula do futuro, os estudantes do ensino médio estão trabalhando os ciclos celulares, colaborando e interagindo com objetos 3D flutuantes que parecem emanar dos blocos abaixo. A sala é clara e ensolarada e os estudantes se divertem muito enquanto aprendem sobre ciência de maneira envolvente.

Figura 17 – Sala de aula do futuro.

Fonte: Layng ([2023]).

Observe que alguns elementos basilares da ciberarquitetura, como a mobilidade, a conectividade, o professor como mentor da aprendizagem, o espaço para recursos pedagógicos variados, as possibilidades de personalização do ensino e a hibridização da aprendizagem, estão fortemente presentes nessa proposta de organização do espaço educativo.

Embora essa representação não seja a única, visto que existem várias formas de compor o mesmo espaço, a ilustração retrata bem o conceito de ciberarquitetura nas instituições educativas.

Como é possível perceber, a integração de muitos dos espaços escolares em um único ambiente ciberarquitetônico oferece uma diversidade de vantagens educacionais, pedagógicas, tecnológicas e econômicas, pois cada tema a ser estudado é contextualizado, problematizado, investigado e prototipado de maneira que seja apropriado em seu sentido mais amplo.

Os estudantes são ativos e estarão envolvidos em atividades em relação às quais terão que filtrar as informações que encontram disponíveis na internet. Por isso, o professor em um ambiente ciberarquitetônico desempenha o papel de mediador, organizando práticas pedagógicas que estimulem a reflexão crítica sobre o conteúdo encontrado e produzido por meio do uso de recursos digitais e incentivando o debate entre os alunos.

A proposta da organização de um espaço ciberarquitetônico está ancorada na concepção de que os usos das mídias e tecnologias favorecem o exercício da colaboração e, com isso, ampliam o acesso à informação e à comunicação, modificando a concepção de tempo e espaço e, privilegiando o desenvolvimento da autonomia e da criatividade entre os estudantes.

Nesse contexto, a ciberarquitetura, conforme apontado por Fuhr (2019),

> ... deve contribuir para transformar a sala de aula numa comunidade de aprendizagem na qual os educadores e um grupo de estudantes autônomos partem de um ou mais interesses em comum e se comprometem a trabalhar coletivamente partilhando os saberes.

Falar de sala de aula do futuro é falar de ciberarquitetura! Acreditamos que uma sala de aula ciberarquitetônica pode favorecer a cocriação de futuros desejáveis, não pela tecnologia em si, mas por tudo que pode gerar em relação aos seus usos e possibilidades.

Mas será que todos os docentes concebem uma sala de aula do futuro? Como é a sua visão de sala de aula do futuro? Quais recursos pedagógicos e tecnológicos estariam disponíveis? Quais configurações seriam possíveis? Quais mídias os estudantes utilizariam para se apropriar do conhecimento? Quais relações seriam construídas?

Imagine como seria a sua sala de aula do futuro (você pode fazer isso com seus estudantes, pares e outros colegas) e, por meio de uma facilitação gráfica disponibilizada nos materiais complementares semelhante à imagem abaixo, represente a concepção de uma organização do espaço escolar que seja inclusiva, ética e sustentável.

Insira notas autoadesivas no desenho para indicar as práticas, as áreas, o mobiliário, as vestimentas e, principalmente, as relações que serão estabelecidas nesse espaço de desenvolvimento coletivo.

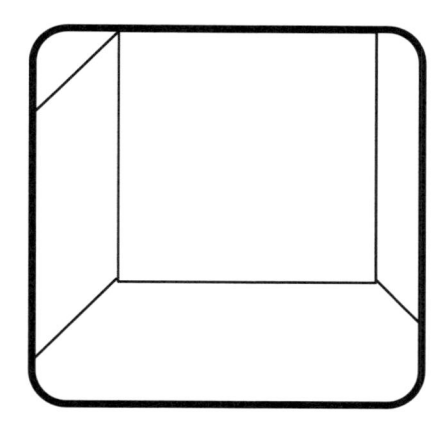

Agora que conseguiu idealizar, deixe a imagem em um lugar onde ela possa ser vista e trabalhe coletivamente para tangibilizar a sala de aula de um futuro desejável!

Uma dica! Já que conseguiu fazer uma sala de aula inteira, que tal ampliar a reflexão e construir uma escola ou universidade completa?

Por que trouxemos essa reflexão?

No contexto da Pedagogia de Futuros, o espaço precisa ser usado de forma inteligente, permitindo diversas configurações que favoreçam o desenvolvimento de competências.

Em um debate, por exemplo, as carteiras precisam estar dispostas em círculo para que todos possam olhar uns para os outros e expor seus diferentes pontos de vista.

Em outra atividade, como a resolução de um problema real, os estudantes podem trabalhar em grupo. Para uma pesquisa ou resolução de atividades individuais, computadores conectados à internet precisam estar disponíveis.

Por isso, a organização e a estruturação da organização do espaço educativo devem estar ancoradas na possibilidade de existirem diferentes formas de composição, por clusters ou ilhas e não somente no formato de cadeiras enfileiradas. Afinal, como estimular o trabalho colaborativo se deixarmos os estudantes engessados o dia inteiro?

Pensando como futuristas da educação, acreditamos que o futuro da área é uma cocriação. Isso significa que os estudantes, professores, funcionários e membros da comunidade estão trabalhando juntos para criar um futuro melhor para a educação.

Existem muitas maneiras de cocriar futuros. Uma delas é por meio do pensamento criativo. Quando os estudantes são encorajados a pensar criativamente, eles são capazes de gerar novas ideias e soluções para problemas.

Outro meio é a colaboração. Quando colaboram, os estudantes são capazes de aprender uns com os outros e de construir sobre as ideias uns dos outros.

A cocriação de futuros é uma abordagem poderosa para a educação. Ela permite que os estudantes sejam ativos em seu aprendizado e criem um futuro melhor para si mesmos e para a sociedade.

Vamos ver como isso pode funcionar na prática?

Na segunda parte do livro, você vai descobrir como é possível implementar a Pedagogia de Futuros na prática. Vamos explorar diferentes estratégias pedagógicas no contexto da aplicação da Pedagogia de Futuros, em uma abordagem educacional que ajuda os alunos a compreender e a interpretar os desafios e oportunidades do mundo em constante mudança.

Parte II

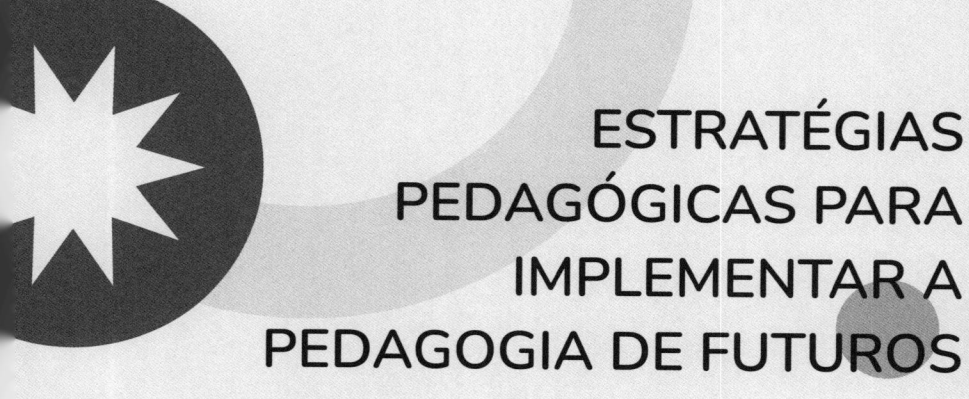

ESTRATÉGIAS PEDAGÓGICAS PARA IMPLEMENTAR A PEDAGOGIA DE FUTUROS

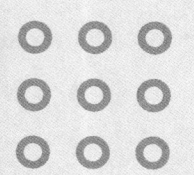

Quais são as estratégias capazes de promover a Pedagogia de Futuros para os estudantes da educação básica e da educação superior? Como a construção de cenários futuros pode contribuir para o desenvolvimento do pensamento crítico e criativo dos estudantes? Quais são as possíveis aplicações práticas das estratégias de estudos de futuros no campo da educação?

Construir cenários futuros, estabelecer personas, elaborar *storytelling* especulativo, mapear tendências e aplicar o *backcasting* são possibilidades existentes no campo dos estudos de futuros que, com adaptações para os contextos pedagógicos, corporativos ou governamentais, são capazes de proporcionar o letramento de futuros para os estudantes da educação básica e superior.

Para promover o letramento de futuros, é preciso, acima de tudo, conhecimento, determinação e estratégia. Com as estratégias adequadas, certamente será desenvolvido todo o potencial dos estudantes e equipes. Mas o que é uma estratégia, afinal?

> Estratégia é uma palavra de origem grega, *strategia*, um vocábulo com *stratos*, que significa multidão, e *agos*, com sentido de liderança. Por isso, a estratégia tem relação com a capacidade de liderar um grupo de pessoas para um objetivo comum. Inicialmente, a palavra foi associada às estratégias de guerra, evoluindo para um entendimento da ciência do método de fazer ou conduzir algo, alguém ou um grupo de pessoas. Relacionando com a educação, a estratégia é um método para conduzir um processo educativo, envolvendo os participantes em um objetivo comum, como a resolução de um problema (Tomelin, 2021, p. 3).

Uma estratégia nada mais é que a experiência intencionalmente planejada com foco na intensificação do desenvolvimento e na melhoria contínua das habilidades essencialmente humanas em determinado contexto para gerar um entregável, seja ele tangível ou não.

Um dos nossos principais objetivos ao escrever este livro foi apresentar algo simples e poderoso que auxilie a ativar todo o potencial criativo por meio da movimentação consciente das práticas especulativas e imaginativas próprias do campo dos estudos futuros.

Assim, selecionamos **30 estratégias** simples, versáteis e de fácil condução na sala de aula, em cursos de formação de professores ou em corporações, seja em contextos presenciais ou digitais, pautadas nos estudos futuros. Selecionamos também estratégias de ativação e finalização dos encontros (*warm ups* e rotinas de pensamento visíveis).

Criamos, adaptamos e compartilhamos estratégias existentes para permitir que docentes ou facilitadores de qualquer área do conhecimento sejam capazes de promover a Pedagogia de Futuros com base no currículo, conteúdo programático ou objetivo proposto.

Repertório prático para aplicação da Pedagogia de Futuros

Para facilitar a sua experiência, montamos um quadro-síntese e o intitulamos **REPERTÓRIO PRÁTICO PARA APLICAÇÃO DA PEDAGOGIA DE FUTUROS**. Nele, apresentamos as **30 estratégias**, todas elas contendo uma breve descrição, para que você explore e aplique a Pedagogia de Futuros em qualquer contexto educativo.

Cabe a você definir as aplicações, podendo utilizá-las isoladamente ou combiná-las, de acordo com as demandas específicas, ou adaptá-las com base na complexidade do assunto ou tema a ser abordado. Use-as na sala de aula ou no contexto corporativo. As possibilidades são infinitas e obviamente necessárias.

REPERTÓRIO PRÁTICO PARA APLICAÇÃO DA PEDAGOGIA DE FUTUROS	
ESTRATÉGIA	**BREVE DESCRIÇÃO**
1. *Warm up* e rotinas de pensamento visíveis	Estratégias de ativação e metacognição para gerar conexão com os participantes.
2. Artefatos de futuro	Criação de artefatos inexistentes por meio da mobilização da imaginação.
3. Atitude prospectiva	Ajudar a ver cenários futuros em profundidade, considerando prioridades e resultados.

REPERTÓRIO PRÁTICO PARA APLICAÇÃO DA PEDAGOGIA DE FUTUROS

ESTRATÉGIA	BREVE DESCRIÇÃO
4. Árvore futurística	Aprofundar problemas reais e explorar oportunidades de cenários futuros com foco no planejamento de crescimento estratégico.
5. *Backcasting*	Estabelecer o futuro desejável, considerando o passo a passo para atingir o processo.
6. Capa de revista do futuro	Imaginar as manchetes e notícias do futuro a partir de capas de revistas.
7. Cartas para o eu do futuro	Imaginar como seria o eu do futuro, construindo conexão e afetividade pessoal.
8. Cenários futuros	Especular cenários reais e pensar sobre situações futuras.
9. Cone de futuros	Projetar diferentes tipos de futuros, conforme a taxonomia de Voros e as etapas de construção até os cenários futuros.
10. Descobrindo nossos desejos futuros	Refletir sobre nossas aspirações e objetivos pessoais, explorando o que verdadeiramente desejamos para o futuro.
11. *Design fiction*	Ao combinar design e narrativa, criar representações especulativas e provocativas do futuro, explorando possíveis cenários e implicações éticas, sociais e tecnológicas.
12. É fato ou ficção?	Refletir sobre quais notícias são verdadeiras diante da velocidade com que as transformações acontecem no mundo.
13. E se?	Imaginar situações futuras a partir de frases "E se".
14. Especulando objetos futurísticos	Imaginar o futuro por meio da criação de objetos ou serviços relacionados aos impactos globais, éticos, sociais e ambientais.
15. Explorando o futuro com provótipos	Criar objetos por meio de provótipos, promovendo uma experiência imersiva.

REPERTÓRIO PRÁTICO PARA APLICAÇÃO DA PEDAGOGIA DE FUTUROS

ESTRATÉGIA	BREVE DESCRIÇÃO
16. Pontos de vista futuros	Explorando pontos de vista sobre cenários ou artefatos futuros.
17. Finitude e relação com o tempo	Refletir sobre o tempo e as finitudes da vida e dos seres e pensar em ações de preservação da saúde e da vida.
18. Futuros imaginários	A partir de recursos de ativação, refletir sobre a criação de cenários futuros.
19. Futuro Solarpunk	Imaginar cenários positivos a partir do movimento Solarpunk.
20. Mapeando tendências, descobrindo oportunidades	Analisar e acompanhar as principais tendências e mudanças em diversos setores, a fim de identificar oportunidades de inovação e de antecipar demandas futuras, promovendo uma abordagem proativa.
21. O que eu quero para o mundo, quero para mim!	Imaginar cenários positivos para o futuro nas dimensões social, tecnológica, econômica, ambiental e política, conectados com os Objetivos de Desenvolvimento Sustentável.
22. Passaporte dos sonhos: superando conflitos	Com base no conceito de *dragon dreaming*, que busca promover a resolução de conflitos e a colaboração por meio da criação de uma visão compartilhada e do engajamento de todos os envolvidos, incentivar a transformação de desafios em oportunidades de crescimento e inovação.
23. Previsão e antecipação com a pré-morte	Explorar o conceito de finitude, organização e planejamento de projetos.
24. Protagonistas do futuro	Criar personas do futuro, com hábitos, profissões e preocupações.
25. Reflexões sobre passado e futuro	Utilizar obras de arte para refletir sobre como o passado afeta nosso presente e nosso futuro.
26. *Sensemaking*	Construir um mapa mental conectado com a visão de futuro em três anos.

REPERTÓRIO PRÁTICO PARA APLICAÇÃO DA PEDAGOGIA DE FUTUROS	
ESTRATÉGIA	**BREVE DESCRIÇÃO**
27. Sinais fracos e sinais fortes	Identificar e analisar indicadores sutis e óbvios que possam apontar para mudanças emergentes e tendências futuras, permitindo uma compreensão mais profunda do contexto e a tomada de decisões mais informadas, o que ajudará a detectar possíveis oportunidades e ameaças, além de fornecer insights valiosos para a antecipação de mudanças e a adaptação às transformações do ambiente.
28. *Trend cards* ODS	*Trend cards* dos Objetivos de Desenvolvimento Sustentável da ONU.
29. Visão de futuros	Criar uma visão estratégica de futuros compartilhada.
30. Análise de camadas causais	Buscar a raiz e as causas dos problemas, analisando profundamente os cenários.

Sequência didática das estratégias pedagógicas para cocriação de futuros

Na descrição de cada estratégia pedagógica, usaremos elementos essenciais para que você consiga colocá-las em prática para aplicação da Pedagogia de Futuros por meio das sequências didáticas. Os elementos são descritos a seguir.

Nome da missão

Cada estratégia tem um nome diferente, criativo, conectado de maneira teórico-prática à descrição da aplicação. Geralmente o nome atribuído está ligado à provocação, à inquietação reflexiva e às competências que se pretende alcançar.

Sistema de navegação

O sistema de navegação refere-se ao conjunto de conhecimentos, habilidades, experiências e informações relativos à estratégia. Será um "estoque" de elementos a que você recorrerá para selecionar cuidadosamente qual contexto ou conteúdo relevante e significativo será apresentado aos estudantes.

Propósito da missão

Toda prática bem-sucedida é definida pela capacidade de atingir o objetivo previamente estabelecido. Isso significa que nesse elemento será apresentado o resultado que se espera ou o que se pretende desenvolver com a aplicação da estratégia.

Tempo da missão

Aqui você terá a ideia do tempo médio de aplicação de cada estratégia, mas é importante destacar que a maneira como o facilitador a aplica e a quantidade de participantes impactarão diretamente o tempo da atividade. O ideal é manter o tempo estipulado para que ela não fique curta ou longa demais.

Perfil dos tripulantes

Por se tratar de um material produzido para profissionais da educação, o perfil dos tripulantes deverá levar em consideração a faixa etária dos estudantes, conforme a representação a seguir.

- Anos iniciais do Ensino Fundamental (5 a 9 anos).
- Anos finais do Ensino Fundamental (10 a 14 anos).
- Ensino Médio (15 a 17 anos).
- Educação superior (livre).
- Formação docente (livre).
- Ambiente corporativo (livre).
- Para qualquer segmento, independentemente da idade ou do contexto.

Embora seja indicado um nível ou segmento com base na faixa etária, que cabe ao professor ou facilitador decidir qual é o melhor grupo para aplicação das estratégias, porque isso dependerá das experiências e da maturidade da turma. Além disso, as opções apresentadas não precisam necessariamente ser aplicadas somente no âmbito escolar; podem ser adaptadas a diferentes contextos.

Artefatos

Este item apresenta ferramentas e recursos indicados para a aplicação de cada uma das estratégias. Aqui você encontrará indicações de instrumentos diversos, como material de papelaria ou mesmo softwares ou aplicativos. Sugerimos a verificação da viabilidade de uso que melhor se enquadre em sua área do conhecimento e no perfil de seu grupo de estudantes, retirando, adicionando ou adaptando materiais por meio de uma combinatividade que ampliará seu repertório de possibilidades.

Trajeto da missão

No elemento "trajeto" você terá acesso ao conjunto de etapas planejadas de forma lógica e progressiva, tendo em vista o passo a passo de implementação. Vale considerar que cada etapa da sequência é projetada para construir sobre as aprendizagens anteriores e preparar os estudantes para as próximas etapas. No entanto, cabe ao docente/facilitador adaptar, modificar ou ajustar o percurso, tendo em vista o contexto de aplicação.

Mapa da missão

Muitas estratégias são inspiradas em diferentes abordagens do design — *thinking*, *sprint* e *fiction* —, e contam com recursos visuais no formato de canvas e mapas que orientam e organizam as ideias e as atividades práticas dos participantes. O mapa está disponível em nosso livro e também para download, para que possa ser impresso e utilizado em oficinas, eventos de facilitação e, claro, na sala de aula. Acesse o link para ter acesso aos materiais.

HTTPS://SOMOS.IN/PDF1

Warm up e rotinas de pensamento visíveis

Para gerar sentido e ser eficiente, toda aula, reunião ou workshop precisam começar com uma boa estratégia de ativação e terminar de maneira que as pessoas enxerguem o impacto poderoso do encontro ou da aula em suas vidas.

Um dos modos de garantir o sucesso dessas duas etapas é se dedicar a promover boas atividades de *warm up* e de rotinas de pensamento visíveis.

Nesta segunda etapa do livro, vamos nos dedicar a oferecer algumas estratégias que podem ser utilizadas e adaptadas durante as práticas de Pedagogia de Futuros. São ideias rápidas para auxiliar e complementar as atividades de letramento de futuros propostas.

Warm up

O *warm up* nada mais é do que um aquecimento para o tema, uma provocação ou uma estratégia de ativação. Tem por objetivo conectar o estudante com o que virá, explorando conhecimentos prévios, cenários futuros, provocando a criatividade e a imaginação. Existem várias estratégias de *warm up*, e aqui escolhemos algumas para trabalhar com a Pedagogia de Futuros.

1. Jogo de cartas

Para esta atividade, utilizaremos uma carta para cada participante (podem ser cartas de baralhos de imagens com super-heróis, personagens, cenários diversos). Uma sugestão é utilizar as cartas do jogo Dixit. Caso não tenha acesso a esse tipo de cartas, é possível construir seu baralho com imagens da internet ou com recortes de revistas.

> O **Dixit** é um jogo conhecido pelas cartas com ilustrações abstratas, surreais e "estranhas". As cartas são belíssimas, apesar de não parecerem fazer muito sentido. O autor afirma que queria construir um jogo em que os participantes fossem criadores e autores também, sem precisar ler ou escrever.

Passo a passo: solicite que os participantes escolham uma das cartas, tirada das suas mãos (deixe-as viradas para baixo). Na sequência, peça que a carta conte algo sobre o futuro. "Ela é uma mensageira e trouxe uma orientação sobre o seu futuro. O que ela diz? O que ela quer falar? Que sentido ela tem?." Permita que os participantes compartilhem a carta e as mensagens entre os colegas. Estimule uma interpretação positiva e esperançosa das cartas.

2. Frases-surpresa

Para esta atividade, teremos uma lista de frases-surpresa para que os participantes escolham aleatoriamente. As frases estarão escritas em pedaços de papel e guardadas dentro de um envelope, no estilo "batata quente", por exemplo; ou em um aplicativo virtual que sorteará as frases aos participantes.

Passo a passo: imprima as frases e coloque-as em um envelope que simule uma batata quente. Disponha os participantes em círculo e permita que o envelope circule entre as pessoas. Coloque uma música e informe que, quando a música parar, quem estiver com o envelope nas mãos deverá ler uma frase. Veja algumas sugestões de frases. Você pode criar outras inspiradas nestas ou ampliá-las.

- *Daqui a 5 anos, eu estarei...*
- *Quando eu tiver 95 anos, provavelmente estarei...*
- *Uma das minhas comidas favoritas em 2050 é...*
- *Em 2045, pretendo trabalhar com...*
- *No dia 3 de julho de 2034, a notícia que esteve em todos os canais de comunicação foi...*

- *No Dia dos Namorados de 2050, dei o seguinte presente ao meu (minha) companheiro(a).*
- *Uma das coisas mais bizarras que aconteceram em 2041 foi...*

3. *Check-in*

O objetivo desta atividade é iniciar os encontros promovendo reflexões sobre o estado atual dos participantes e conectando-os com sua visão de passado, presente e futuro. Caso eles não se conheçam, podem se apresentar ou somente completar a frase proposta.

Passo a passo: organize o grupo em círculo, se o encontro for presencial. Explique que cada um dos presentes deve completar esta frase em no máximo um minuto:

Ontem eu..., hoje eu..., amanhã eu...

É importante que o professor ou facilitador acolha sentimentos e emoções que possam vir dos participantes.

4. Vozes do planeta: conversando com o passado, o presente e o futuro

Esta é uma atividade introspectiva e imaginativa que utiliza elementos da natureza. Ao reconhecer as sabedorias e histórias presentes no nosso planeta, valorizamos os elementos da natureza e seu impacto social, cultural e psicológico na nossa existência.

Passo a passo: entregue aos participantes uma folha de árvore, um graveto, uma pedrinha ou um copo d'água. O exercício proposto é que o participante "converse" com esses elementos da natureza e "escute" o que eles têm a dizer. As perguntas para mobilizar essa conversa são:

- *De onde você veio?*
- *O que você viu e ouviu?*
- *Quem você encontrou?*
- *O que você sentiu?*

Permita que os participantes compartilhem em até dois minutos o resultado dessa conversa.

5. Criando um avatar futurista

Que tal se apresentar por meio de um avatar futurista, uma imagem de você mesmo no futuro? A partir disso, comentar sobre o "eu" do futuro, suas principais competências, características, superpoderes.

Passo a passo: oriente os participantes a baixar algum aplicativo de construção de avatares futuristas. Sugerimos o New Profile Pic, que é gratuito e constrói imagens com diferentes cenários. Oriente os participantes a fazer o upload de uma fotografia deles, escolher um *template* e baixar a foto final. Os participantes devem mostrar seus avatares e comentar sobre seus superpoderes atuais e futuros.

Rotinas de pensamento visíveis

As **rotinas de pensamento visíveis** são estratégias que apoiam o desenvolvimento metacognitivo, tornando a aprendizagem visível. São ideais para finalizar uma aula ou encontro, a fim de que os participantes reflitam sobre o que aprenderam. Com as rotinas de pensamento, os participantes conseguem avaliar seu desempenho e verificar os próximos passos. São propostas simples, que podem ser adaptadas e realizadas em diferentes contextos.

1. 3 Fs do futuro

Nesta atividade, os participantes relatam três fatos relacionados aos acontecimentos da atividade realizada. O primeiro fato é uma observação, o segundo, uma observação de futuro próximo e o terceiro, uma observação de um futuro futuro.

Um fato (o que aconteceu e eu vi, ouvi e senti no encontro de hoje)	Um fato futuro (uma hipótese que posso construir sobre esse fato no futuro próximo)	Um fato no futuro futuro (como esse fato ou outro poderá se desmembrar em um futuro de mais de 10 anos)

2. Um, dois, três...

Nesta atividade, os participantes devem responder a três comandos. No primeiro, deverão escolher uma palavra que defina o principal aprendizado do encontro. Depois, deverão listar dois insights ou duas ideias novas que surgiram a partir das reflexões e atividades. Por fim, cada um irá listar três coisas que passará a aplicar, ou que fará em breve a partir do encontro.

Um	Dois	Três

3. Na teoria e na prática

Nesta atividade, convide os participantes a redigirem um parágrafo sobre como conceberam a aula a partir da conexão entre teoria e prática.

Na teoria (indique conceitos, teorias, pensamentos que foram marcantes no encontro de hoje)	Na prática (indique uma ação prática, algo que possa fazer a partir do que aprendeu na aula de hoje)

4. A aula no divã

O objetivo desta atividade é provocar os estudantes a refletir sobre as principais inquietações surgidas no encontro. A ideia é levar para o divã as dores, angústias, dilemas e oportunidades gerados na aula. O psicanalista é o próprio estudante, em uma conversa metacognitiva.

Minhas angústias e dores	Meus medos e expectativas	As oportunidades que visualizo	A frase final do meu terapeuta imaginário

5. Transforme este conteúdo em manchete

Assim que fechar uma atividade ou aula, peça que os participantes criem uma manchete para o conteúdo apresentado e compartilhem. Veja a seguir um exemplo de aula ministrada sobre *visible learning* em uma turma de pós-graduação.

O comando foi: "Se esta aula fosse uma manchete ou o título de um *post*, qual seria?".

Educação para o futuro: realidade ou utopia?	A percepção da aprendizagem do estudante por meio de rotinas de pensamento	Rotinas de pensamento trazem novas perspectivas para um ensino inovador

Vendo o invisível!	Sufocada em novas ideias por meio de rotinas de pensamento	Rotinas de pensamento geram conflitos, que geram aprendizados
Aula sobre rotinas de pensamento não deixa professores dormirem na sexta à noite	Você pode pensar que já sabe tudo de educação inovadora, até descobrir o *visible learning*	Conflitos cognitivos propiciam novas práticas educativas.

Estratégia 2

Artefatos de futuro

Tempo da missão: 20 a 30 minutos cada fase, num total de 1h30 a 2 horas de atividade.

Perfil dos tripulantes: Ensino Médio (15 a 17 anos), educação superior, formação docente e ambiente corporativo.

Sistema de navegação:

O artefato é uma forma de materializar o futuro por meio de um objeto que nos ajuda a visualizá-lo e projetá-lo. É um modo de fornecer detalhes de um cenário concreto, ajudando as pessoas a entenderem como a vida pode ser em um futuro específico ou desejado.

Os artefatos compõem a área de design de futuros que estuda estratégias para preparar as pessoas para imaginar e criar futuros. Um artefato pode ser uma experiência concreta, um objeto, uma peça de publicidade ou um protótipo que nos permita experimentar como será a sociedade no futuro.

Ao prototiparmos por meio de um artefato, tendemos a criar conexões no nosso cérebro segundo as quais isso pode, de fato, existir. Utilizar os artefatos é uma maneira de tornar o futuro menos abstrato para a compreensão humana. Muitas vezes a compreensão de futuro é solitária e isolada dentro da nossa cabeça; quando a materializamos, tornando-a visível para outras pessoas, permitimos o compartilhamento dessa experiência.

Os artefatos de futuro são uma estratégia inspirada pelas práticas promovidas pelo Institute for the Future, que ajudam os participantes a ter uma **experiência tangível do futuro** por meio da especulação de cenários. Eles exploram os diferentes sentidos para uma imersão em um cenário futuro.

Nesta atividade, o docente ou facilitador solicita aos participantes que mapeiem sinais do modelo de vida atual de uma população ou levantem informações sobre algum aspecto relacionado com o problema referente ao objetivo de aprendizagem. Os objetos futuros devem causar uma sensação de leve estranhamento para que se possa coletar os interesses e vozes desses futuros alternativos.

Propósito da missão:

Conectar os participantes com um futuro possível e tangível é fazê-los imaginar com o intuito de desenvolver a habilidade de relacionar objetos e coisas existentes com intencionalidades de objetos que ainda não existem. Eles explorarão possibilidades de resolver problemas criando uma solução nova, ainda que possa parecer fictícia em alguns momentos.

Artefatos:

- Na etapa 1 da atividade, utilizaremos o mapa dos artefatos de futuro.
- Na etapa 2, inseriremos outros elementos para prototipar: Lego, materiais recicláveis, papéis coloridos, pedras, revistas, folhas de árvore, barbantes e dispositivo com acesso à internet.
- Na etapa 3, geraremos um produto final: uma peça publicitária, um manual de uso, um teaser etc.

Trajeto da missão:

Etapa 1:

1 Como forma de contextualizar os participantes a tangibilizar suas expectativas de futuros, mostre alguns exemplos ou provoque-os com este vídeo: http://tinyurl.com/4a88zzvr.

2 Divida os participantes em grupos ou duplas para que eles

possam delimitar seu objeto de criação a partir do cenário desejado. Utilize o mapa dos artefatos de futuros para ajudar.

Etapa 2:

1 Chegou a hora de modelar o protótipo. Nesta parte, os participantes precisam dar vida à imaginação. Se a atividade for presencial, é possível disponibilizar diferentes recursos, objetos, materiais recicláveis, kits de artesanato e Lego para que os objetos possam ser construídos.

2 Se o encontro for virtual, os participantes podem selecionar imagens, editá-las ou, a partir de aplicativos de inteligência artificial, desenvolvê-las.

3 Finalizado o protótipo, é hora de lançá-lo no mercado. Para isso, os participantes precisam construir um manual de instruções para esse objeto, indicando suas partes, modo de uso, primeiras recomendações e precauções (se houver). Outra possibilidade é criar um pequeno videomarketing ou uma peça de marketing para divulgar no mercado a intencionalidade do produto. Outras sugestões que podem ser utilizadas são: histórias, catálogos, manchetes de jornais e desenhos.

Veja estes dois exemplos:

- Este perfil no Instagram pode ser interessante para conectar a ideia criativa de artefatos de futuro: https://instagram.com/switchgabion?igshid=YmMyMTA2M2Y.
- Para imaginar como será o futuro com carros autônomos e os desafios e problemas que as pessoas poderão enfrentar, este manual responde dúvidas e dá orientações sobre como você poderá utilizá-los: *https://nearfuturelaboratory.myshopify.com/products/helios-pilot-quick-start-guide*.

MAPA DA MISSÃO

ARTEFATOS DE FUTURO

Participantes:

_____

1 Escolha o nome do objeto que será prototipado.
2 Descreva onde esse objeto foi criado e de que ano ele é.
3 Indique a solução que ele resolve, para que foi feito.
4 Descreva o impacto desse objeto nos quatro níveis (se houver).
5 Indique, de maneira mais detalhada, as funcionalidades do objeto, por que ele é adorável e o que nele poderia dar errado.

NOME DO OBJETO:

LOCALIZAÇÃO: **ANO:**

SOLUÇÃO QUE O OBJETO PROPORCIONA:

QUAL O IMPACTO DO OBJETO:

NA POLÍTICA	NO MEIO AMBIENTE	NAS LEIS	NO COMPORTAMENTO

DESCREVA O OBJETO E SUAS FUNCIONALIDADES:

DESCREVA O QUE PODERIA DAR ERRADO COM ESSE OBJETO:

DESCREVA O QUE É ADORÁVEL NESSE OBJETO:

Estratégia 3
Atitude prospectiva

Tempo da missão: 30 a 40 minutos.

Perfil dos tripulantes: Jovens e profissionais de ambientes corporativos.

Sistema de navegação:

A ideia de prospecção ou mentalidade prospectiva pode ser compreendida como uma forma de olhar, de se manifestar e de ver o mundo. Seu antônimo, a retrospectiva, trata de olhar para trás, enquanto a prospectiva consiste em olhar para a frente.

Existem várias metodologias dentro do design de futuros para desenvolvermos uma atitude prospectiva. A que apresentaremos aqui é inspirada em Gaston Berger, empresário, filósofo e professor na Université d'Aix-Marseille e que viveu de 1896 a 1960.

Para Berger, passado e presente não se encontram em uma linha reta entre retrospectiva e prospectiva, mas se misturam. "Olhar um átomo o modifica, olhar um homem o transforma, olhar o futuro o sacode" (Berger, 2004, p. 317). Podemos sonhar com o nosso futuro, assim como sonhamos com nosso próprio passado. A metodologia desse pensador é baseada nos seguintes pilares:

- **Ver de longe:** precisamos romper com as ideias de que o amanhã é um prolongamento do hoje e de que o hoje é simplesmente uma continuação para o amanhã. Imaginar o amanhã é, mais do que olhar somente para o futuro, acrescentar o olhar para longe, como faróis à noite que miram o horizonte distante.

- **Ver grande:** neste caso, devemos ultrapassar a visão estreita e superespecializada para olhar de maneira ampla. Fazer conexão com diferentes áreas, pessoas, interesses, ideias e culturas. Uma visão sistêmica e ampliada.
- **Ver em profundidade:** reconhecer as causas e raízes profundas, como elas impactam o presente e como se manifestarão no futuro.

Além disso, Berger defende que a análise em prospectiva seja audaciosa, e com isso é preciso considerar o fato de correr riscos; porém a análise deve ser acompanhada de uma sábia prudência, considerando o homem como medida e centro das escolhas.

Propósito da missão:

Explorar cenários futuros em prospectiva, reconhecendo a importância do aprofundamento de visões e da conexão com diferentes opiniões.

Artefatos:

- Mapa da atitude prospectiva.
- Notas autoadesivas.

Trajeto da missão:

1 Explore os conceitos de retrospectiva e prospectiva. Qual a diferença? Como se conectam com a história? Também, estimule os participantes a pensar sobre como interpretam fatos do passado e reconhecem o presente e o futuro das suas vidas, sociedades e organizações.

2 Organize os participantes em grupos de até 6 pessoas. Estimule os grupos a pensar em um cenário de mudança, e no que está impulsionando a mudança. Incentive-os a escolher

uma área específica, tais como tecnologia, meio ambiente ou política, por exemplo.

3 O grupo fará uma troca de ideias por meio de um *brainstorming*. Lembre-se de garantir que as regras do compartilhamento de ideias sejam observadas como oportunidade de todos se manifestarem, respeitando a ideia dos outros e sem se preocupar com certo ou errado.

4 Utilizando o mapa da atitude prospectiva, inicie com a matriz de importância e certeza, conectando-a com a temática explorada. Na matriz, os participantes devem colar suas notas autoadesivas em cada um dos quadrantes.

5 O grupo deve ser orientado a se concentrar nos quadrantes superior esquerdo e direito, identificando de 3 a 5 fatores prioritários para a área. Feito isso, passarão para a parte 2 do mapa, que é a prospecção.

6 Na segunda parte, os participantes buscarão aprofundar um dos cenários dos quadrantes, detalhando-o conforme a organização de Berger: ver longe, ver grande e ver com profundidade.

- Em **ver longe**, estimule os participantes a adotar uma postura prospectiva, concentrando a atenção no que está por vir e desenhando cenários que irão compor o amanhã.
- Em ver **grande**, a dimensão de informações e conhecimentos existentes sobre o tema é aprofundada. Amplia-se o olhar.
- Em ver **com profundidade**, amplia-se o cenário para considerar as tomadas de decisões e seus impactos, questionando se a ação pretendida invoca algum precedente. Finalize a atividade pensando nos riscos e impactos sobre a humanidade.

Ao final, convide os grupos para compartilhar suas contribuições.

MAPA DA MISSÃO

ATITUDE PROSPECTIVA

Participantes:

_____

1 Selecione uma temática a ser abordada no mapa.

2 Inicie pela matriz de importância e certeza, descrevendo o que é mais e menos importante e o que é mais e menos incerto.

3 Escolha um dos cenários dos quadrantes e procure aprofundá-lo, iniciando com ver longe, ver grande e ver com profundidade.

4 Finalize refletindo sobre eventuais riscos e impactos na humanidade.

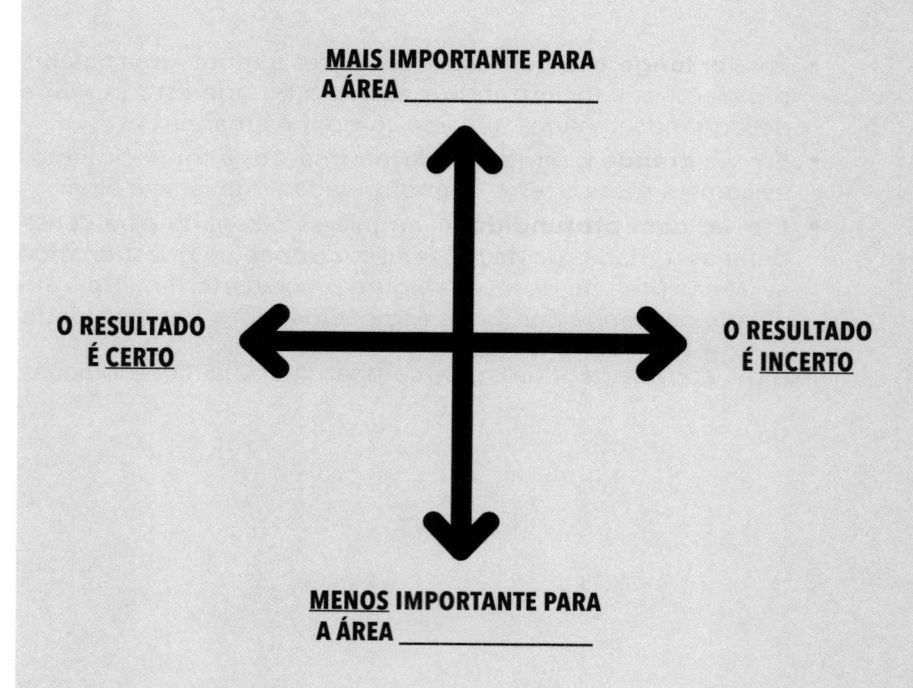

MAIS IMPORTANTE PARA A ÁREA _____

O RESULTADO É **CERTO**

O RESULTADO É **INCERTO**

MENOS IMPORTANTE PARA A ÁREA _____

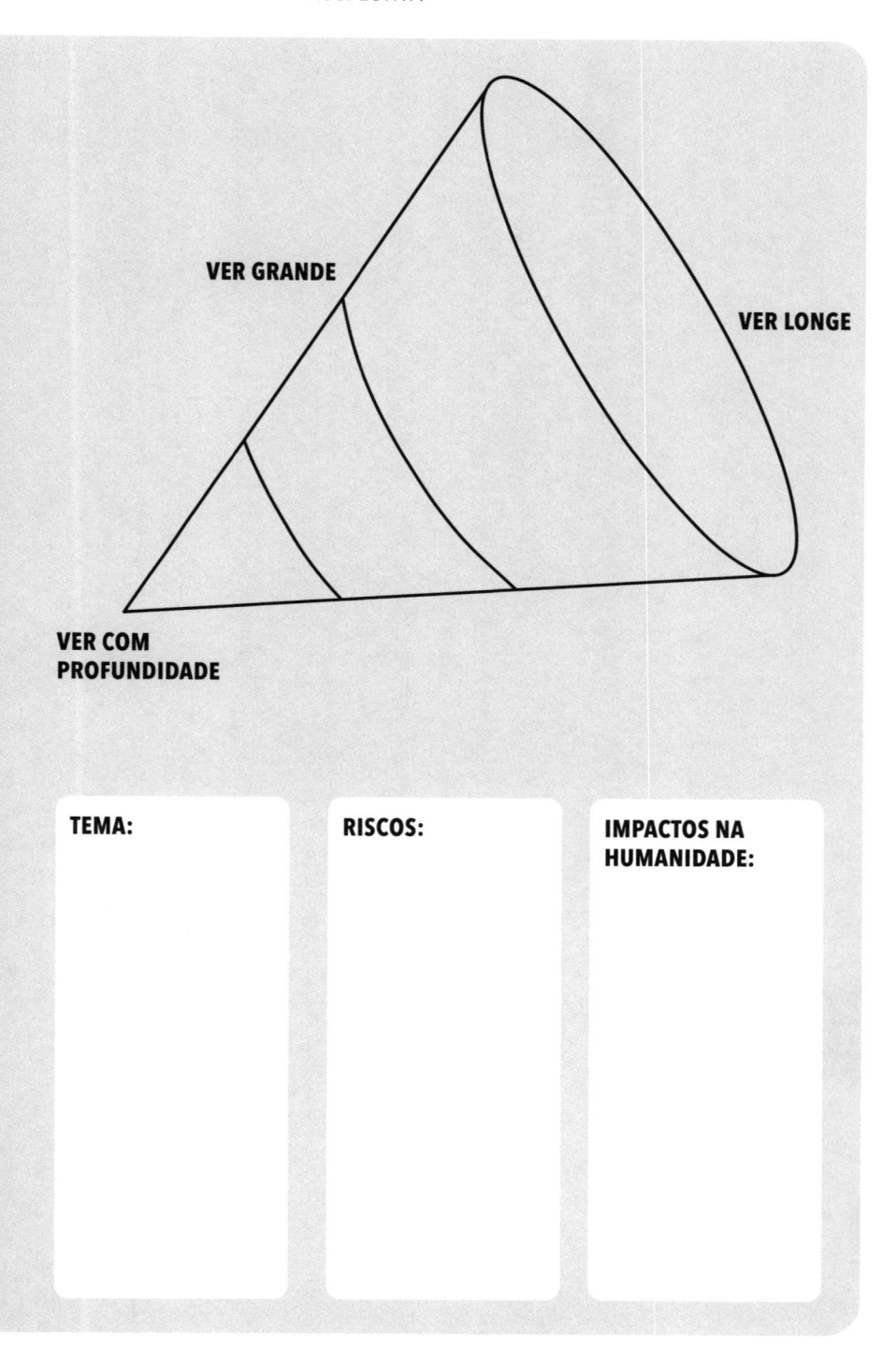

VER GRANDE

VER LONGE

VER COM PROFUNDIDADE

TEMA:

RISCOS:

IMPACTOS NA HUMANIDADE:

Estratégia 4
Árvore futurística

Tempo da missão: 30 a 50 minutos.

Perfil dos tripulantes: Anos Finais do Ensino Fundamental (11 a 14 anos), Ensino Médio (15 a 17 anos), educação superior.

Sistema de navegação:

A estratégia Árvore futurística utiliza árvores como metáfora para mostrar como o futuro de qualquer coisa pode ser construído assim como o nascimento das folhas: uma por vez.

Essa estratégia pode ser aplicada para ajudar os participantes a perceber que as mudanças na vida e nos locais de trabalho geralmente ocorrem de forma gradual, com passos pequenos e estratégicos, com o intuito de gerar a exploração de possíveis cenários futuros relacionados a determinado assunto. Para isso será utilizada a metáfora da árvore.

Aqui, busca-se desenvolver a capacidade dos alunos de pensar estrategicamente, identificar tendências, antecipar possíveis desdobramentos e tomar decisões informadas em relação ao futuro.

Ao utilizar as folhas da árvore para representar os aspectos atuais e futuros do assunto em questão, os alunos são desafiados a refletir sobre diferentes possibilidades e a considerar os diversos fatores que podem influenciar o futuro desejado. Por meio dessa abordagem, promove-se a visão de longo prazo, o pensamento crítico, a criatividade e a capacidade de planejamento estratégico.

Propósito da missão:

Capacitar os participantes a adotar ações mais conscientes e assertivas, considerando diferentes cenários e desenvolvendo habilidades de previsão, antecipação e planejamento, tanto em contextos acadêmicos como em suas vidas pessoais e profissionais.

Artefatos:

- Dezenas de papéis em formato de folhas de árvore, como bloquinhos adesivos ou fichas de arquivos. Você pode optar por um design mais futurístico.
- No espaço visível aos estudantes, desenhe uma grande árvore com galhos grossos, representando as diversas categorias de futuros, ou utilize o mapa da árvore futurística disponibilizado.

Trajeto da missão:

1 Para iniciar a atividade, registre o tema ou assunto geral abaixo ou acima da árvore, por exemplo, "reduzir o número de estudantes evadidos".

2 Comece explicando que a parte interna do topo da árvore representa o estado atual do assunto, enquanto para fora significa ir em direção ao futuro. Por exemplo, com o problema "reduzir o número de estudantes evadidos", explique que as folhas representam o número de estudantes atuais evadidos e as folhas mais externas representam o número (ou porcentagem) de estudantes que se pretende manter no futuro desejado.

3 Peça aos participantes que escrevam os aspectos atuais do assunto, uma ideia por folha. Cole as folhas na parte de dentro do topo da árvore, descartando comentários redundantes e repetitivos, e agrupe comentários semelhantes próximos aos

galhos adequados da árvore. Pode-se listar as ações realizadas ou mapear as possíveis causas, por exemplo.

4 Com o primeiro exercício realizado, deve-se explorar os aspectos futuros do assunto. Peça que os participantes escrevam os aspectos do futuro em novas folhas. Podem ser estados futuros, variáveis já em progresso ou simplesmente possibilidades. Os participantes devem colocar suas folhas ao redor do topo da árvore, relacionando as categorias dos galhos e indicando as ações de melhoria que devem ser aplicadas para resultar na solução do problema abordado.

5 À medida que as ações forem sendo listadas, será possível perceber como a árvore cresce de forma natural conforme as folhas são adicionadas.

6 Com a árvore finalizada, promova a discussão sobre o formato da árvore que está surgindo. Faça-os observar quais ramos têm maior atividade, quais áreas não estão crescendo e onde os ramos parecem estar mais ou menos conectados.

7 Apresente as descobertas da árvore e as implicações para o futuro do assunto, incentivando os participantes a refletir sobre quais ações podem ser tomadas com base nas informações da árvore.

Para consolidar a estratégia, estimule-os a pensar em práticas e soluções para alcançar os futuros desejados. Eles devem pensar em meios de realizá-la em outros projetos ou situações da vida.

Durante todo o processo, esteja disponível para orientar os alunos, estimulando a participação ativa, o trabalho em equipe e a reflexão crítica. A sequência pode ser adaptada de acordo com a faixa etária e o nível de aprendizado dos estudantes, garantindo que eles compreendam o objetivo da atividade e a importância de modelar o futuro de maneira estratégica.

A estratégia **Árvore futurística** pode ser aplicada no ambiente corporativo como uma ferramenta para promover a inovação, o planejamento estratégico e a tomada de decisões informadas.

Veja a seguir como ela pode ser utilizada nesse contexto:

- **Identificação de tendências:** os colaboradores podem utilizar a estratégia para identificar e analisar as tendências atuais e futuras do mercado, da indústria e do ambiente de negócios. Isso ajuda a empresa a se manter atualizada e a antecipar possíveis mudanças e desafios.

- **Planejamento estratégico:** a partir da visualização dos diferentes cenários futuros, a estratégia pode auxiliar no processo de planejamento estratégico da empresa. Os colaboradores podem mapear possíveis caminhos e identificar as ações necessárias para alcançar os objetivos desejados.
- **Inovação e criatividade:** ao explorar as possibilidades futuras, a estratégia estimula a criatividade e a geração de ideias inovadoras. Os colaboradores podem pensar em soluções e abordagens diferentes para atender às demandas futuras e se destacar no mercado.
- **Antecipação de desafios e oportunidades:** ao considerar os diferentes aspectos futuros do negócio, a estratégia permite que a empresa antecipe possíveis desafios e encontre maneiras de lidar com eles de forma proativa. Além disso, ajuda a identificar oportunidades que possam surgir e a aproveitá-las em benefício da organização.
- **Tomada de decisões conscientes**: ao visualizar os possíveis cenários futuros e considerar os diferentes aspectos relacionados a cada um deles, os colaboradores estabelecem uma base mais sólida para tomar decisões informadas. Isso reduz a incerteza e aumenta as chances de sucesso nas ações empreendidas pela empresa.

No ambiente corporativo, essa estratégia pode ser aplicada em workshops, reuniões de planejamento, sessões de *brainstorming* e outras atividades que envolvam a busca por novas ideias, o planejamento estratégico e a gestão de riscos.

É importante que haja um ambiente propício à criatividade, colaboração e abertura para explorar diferentes possibilidades.

MAPA DA MISSÃO
ÁRVORE FUTURÍSTICA

Participantes: _____

1 Indique o tema que será discutido.
2 Separe as categorias que serão abordadas.
3 Descreva no interior da árvore os aspectos atuais observáveis.
4 Descreva nas folhas no entorno da árvore os aspectos futuros.

ESTADO FUTURO

categorias

ESTADO ATUAL

categorias

ASSUNTO
GERAL

Estratégia 5

Backcasting

Tempo da missão: 20 a 40 minutos.

Perfil dos tripulantes: Anos Finais do Ensino Fundamental (11 a 14 anos), Ensino Médio (15 a 17 anos), educação superior, formação docente e ambiente corporativo.

Sistema de navegação:

O *backcasting* é uma metodologia de planejamento que começa com a definição de um futuro desejado e, em seguida, trabalha retroativamente para identificar políticas e programas que permitirão a conexão entre esse futuro especificado e o presente.

O *backcasting* estimula o pensamento criativo, a imaginação e a elaboração de estratégias para enfrentar os desafios e alcançar os objetivos estabelecidos. Em vez de fazer previsões sobre o futuro, visa criar um caminho claro e viável para chegar a um futuro desejável, permitindo a tomada de decisões informadas no presente.

Esta estratégia de planejamento auxilia na definição de metas, na identificação de obstáculos e na formulação de políticas e programas que possibilitem a concretização da visão de futuro estabelecida.

Propósito da missão:

Desenvolver uma visão estratégica, visualizando o futuro e identificando as ações necessárias para realizá-lo, considerando fatores externos e internos.

Artefatos:

Mapa do *backcasting*, notas autoadesivas e computador com internet para pesquisa.

Trajeto da missão:

1 Dê um nome inspirador e motivador para a missão. Isso ajudará a envolver os alunos e a despertar seu interesse pelo processo de *backcasting*.

2 Apresente o objetivo futuro que você deseja alcançar na sala de aula. Pode ser algo relacionado ao desempenho acadêmico dos alunos, ao ambiente de aprendizagem, às habilidades que você busca desenvolver neles ou qualquer outra meta de futuro. Em seguida, solicite que os estudantes escrevam um parágrafo ou uma frase que expresse o futuro desejável.

3 Com o futuro desejável estabelecido, defina o marco temporal para trabalhar retroativamente. Após identificar os cenários futuros, volte no tempo e analise quais políticas, estratégias e ações seriam necessárias para alcançar cada um desses cenários marcados temporalmente. É importante que os estudantes estabeleçam medidas concretas que poderiam ser implementadas para ajudar a concretizar o futuro desejado.

Por exemplo, se o marco temporal foi estabelecido em 2030, siga com as questões a seguir:

- Para acontecer "x", o que tem que acontecer em 2029? (futuro desejável)
- Para acontecer "x", o que tem que acontecer em 2028?
- (futuro desejável)
- Para acontecer "x", o que tem que acontecer em 2027?
- (futuro desejável)
- Para acontecer "x", o que tem que acontecer em 2026? (futuro desejável)
- Para acontecer "x", o que tem que acontecer em 2025? (futuro desejável)

Vale estimular os estudantes a pensar de maneira criativa e a imaginar diferentes cenários possíveis que levem ao objetivo desejado.

Eles podem considerar fatores como mudanças tecnológicas, avanços científicos, evolução das necessidades sociais e outras tendências relevantes para o futuro. Veja um exemplo passo a passo de como aplicar o *backcasting* na sala de aula:

4 Com o preenchimento do *template*, peça que os estudantes compartilhem os resultados individuais ou do grupo. Solicite que eles apresentem as visões de futuro que identificaram, as ações propostas e as estratégias delineadas para alcançar o futuro desejado.

5 Com as apresentações realizadas, promova uma discussão em grupo, estimulando os participantes a compartilhar suas percepções, os desafios enfrentados e os aprendizados adquiridos durante o processo de *backcasting*. Incentive-os a trocar ideias, fazer perguntas e fornecer feedback construtivo uns aos outros.

Neste passo, os alunos devem avaliar criticamente as ações identificadas no passo anterior. Eles devem considerar a viabilidade, o impacto, os recursos necessários e possíveis desafios ou obstáculos para a implementação dessas ações. Isso ajudará a refinar e ajustar as estratégias propostas.

6 Para fechamento e consolidação do aprendizado, proponha uma reflexão sobre os resultados do *backcasting*. Peça para refletirem sobre os diferentes cenários futuros considerados durante o *backcasting*. Discuta com eles a viabilidade e a relevância desses cenários, considerando os fatores externos e internos que foram levados em conta.

Incentive os participantes a identificar os principais aprendizados e insights obtidos durante o processo de *backcasting*. Estimule-os a refletir sobre as habilidades desenvolvidas, as descobertas realizadas e as mudanças de perspectiva que ocorreram ao longo do caminho.

O *backcasting* é um processo iterativo, então é importante reavaliar e refinar constantemente as ações e estratégias implementadas. Peça aos alunos que analisem o impacto das medidas adotadas e que façam ajustes quando necessário. Esteja aberto ao feedback e às sugestões dos alunos para melhorar o processo.

Nos materiais complementares, confira o exemplo real de uma atividade realizada para um grupo de professores.

MAPA DA MISSÃO

BACKCASTING

Participantes:

_____

1. Escolha um futuro desejável e estabeleça os marcos temporais.
2. Para cada nível, responda à pergunta: para acontecer (o futuro desejado), o que precisa acontecer no terceiro nível?
3. Faça o exercício até chegar ao estado presente.

3º NÍVEL DE PRECONDIÇÕES

2º NÍVEL DE PRECONDIÇÕES

1º NÍVEL DE PRECONDIÇÕES

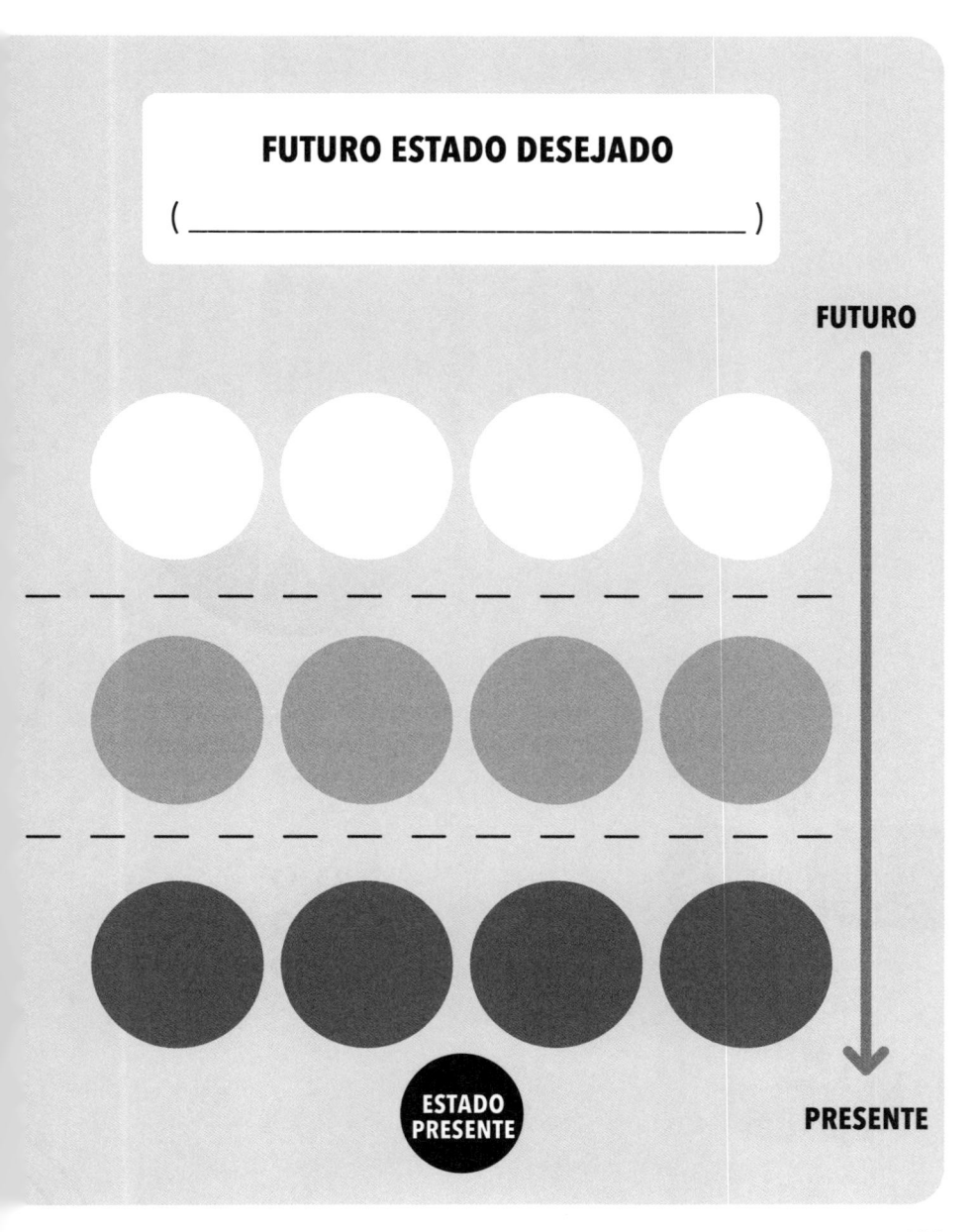

FUTURO ESTADO DESEJADO

(_____)

FUTURO

ESTADO PRESENTE

PRESENTE

Estratégia 6
Capa de revista do futuro[1]

Tempo da missão: 20 a 40 minutos.

Perfil dos tripulantes: Anos Finais do Ensino Fundamental (11 a 14 anos), Ensino Médio (15 a 17 anos), educação superior, formação docente e ambiente corporativo.

Sistema de navegação:

A estratégia pedagógica **Capa de revista do futuro** é uma abordagem criativa que permite que os estudantes apliquem os conhecimentos adquiridos ao representar visualmente um futuro ideal relacionado a uma teoria, instituição, produto ou solução. Essa atividade estimula a criatividade, a síntese de informações e a capacidade de visualização dos alunos.

Ao criar uma capa de revista que retrate um futuro ideal como se fosse uma realidade, os estudantes são desafiados a pensar criticamente sobre as informações disponíveis e a especular sobre possíveis desenvolvimentos futuros. Isso estimula sua capacidade de analisar, sintetizar e interpretar informações, bem como questionar e explorar diferentes possibilidades.

---

1   Estratégia adaptada de Daros (2021).

A estratégia **Capa de revista do futuro** incentiva os alunos a desenvolver habilidades de visualização, ou seja, a capacidade de imaginar e representar visualmente ideias e conceitos. Isso é especialmente relevante no letramento de futuros, em que a visualização ajuda os alunos a conceber possíveis cenários futuros e a comunicar suas ideias de forma clara e impactante.

Além disso, a estratégia possibilita uma compreensão ampliada do futuro, pois, ao criar capas de revista que representam um futuro, os estudantes podem explorar diferentes dimensões do futuro e ampliar sua compreensão sobre as possibilidades e desafios que podem surgir. Isso contribui para o desenvolvimento de uma mentalidade prospectiva, que é essencial no letramento de futuros.

Propósito da missão:

Proporcionar aos participantes uma oportunidade de desenvolver habilidades de pensamento crítico, visualização e expressão criativa relacionadas a possíveis cenários futuros.

Artefatos:

Papel, revistas, imagens, canetinhas ou aplicativos de design para criação da capa.

Trajeto da missão:

1 Defina o tema da capa de revista com base no conteúdo que está sendo estudado. Pode ser uma teoria, uma instituição, um produto ou uma solução específica. Certifique-se de que o tema seja relevante e significativo para os estudantes.

2 Explique aos estudantes o conceito da estratégia **Capa de revista do futuro** e seu propósito. Mostre exemplos de capas de revista para que eles entendam como podem representar visualmente as informações de forma criativa.

3 Após esse exercício imaginativo, indique qual será a ferramenta de edição utilizada. Você deverá apresentar um passo a passo de elaboração de uma capa de revista, tendo em vista os seguintes aspectos:

- CAPA: grande manchete com o sucesso.
- MANCHETES: exprimem a substância da matéria da capa.
- MATÉRIAS ADICIONAIS: revelam facetas interessantes da revista.
- CITAÇÕES: podem ser de qualquer um, desde que relacionadas à matéria.
- IMAGENS: ilustrarão o conteúdo.

4 Peça aos estudantes que pesquisem e reflitam sobre o tema escolhido. Eles devem reunir informações relevantes, fatos, projetos ou conquistas que poderiam ocorrer no futuro ideal relacionado ao tema. Isso envolve uma compreensão aprofundada do assunto estudado.

5 Oriente os alunos a identificar os elementos mais importantes que devem ser representados na capa da revista. Esses elementos podem incluir imagens, títulos, manchetes, subtítulos, citações, gráficos, logotipos ou qualquer outro elemento visual que ajude a transmitir a mensagem desejada.

6 Com base nas informações coletadas e nos elementos identificados, os alunos devem criar o design da capa de revista. Eles podem usar ferramentas digitais de design gráfico, como softwares específicos ou até mesmo aplicativos de edição de imagens, ou ainda optar por um formato físico, como cartolina, revistas recortadas ou desenhos a mão.

Caso opte pela opção digital, veja a seguir algumas sugestões de aplicativos:

- **Criador de Capas de Revista Falsas** (FotoJet): com essa plataforma, você pode facilmente fazer uma capa de revista de brincadeira num só clique. O FotoJet é tão interessante que permite que você coloque as suas fotos em fotos de capas de revistas famosas, como a *Time*, a *Fortune* etc. Disponível em: http://tinyurl.com/45wuykdn.
- **Canva:** é um aplicativo que oferece recursos para qualquer usuário criar, em questão de minutos, um material gráfico de alta qualidade, para campanhas em redes sociais, banners em sites, *flyers* e cartões de visita. O funcionamento é muito simples e inicia pela criação de uma conta, pois o aplicativo funciona na nuvem, e todos os seus trabalhos podem ser sincronizados. Disponível em: http://tinyurl.com/2cpxs9pc.

7 Peça aos estudantes que compartilhem e apresentem os resultados dos desafios. Se quiser deixar disponível para todos, utilize aplicativos como o Padlet ou o Jambord como mural digital. Disponíveis em: https://padlet.com/ e http://tinyurl.com/ bdam88wv.

Durante as apresentações, incentive-os a explicar as escolhas feitas, os elementos utilizados e a mensagem que desejam transmitir. Estimule a discussão em grupo, permitindo que os colegas façam perguntas ou compartilhem suas percepções sobre as capas apresentadas.

MAPA DA MISSÃO

CAPA DE REVISTA DO FUTURO

Participantes:

1 Escolha a temática a ser abordada, conectada com o título da revista.

2 Pense em possíveis títulos para a capa e em notícias vinculadas a ela.

3 Busque imagens e outros elementos para compor a capa.

4 Discuta possíveis mensagens escondidas contidas na capa.

5 Consolide o *brainstorm* com as ideias principais.

POSSÍVEIS TÍTULOS PARA A REVISTA

CONSOLIDADO:

8 Conclua a atividade com uma reflexão coletiva sobre a experiência. Pergunte aos estudantes sobre os desafios encontrados, as descobertas feitas e o que aprenderam com a atividade. Incentive-os a refletir sobre como a estratégia Capa de revista do futuro os ajudou a sintetizar informações complexas e a visualizar um futuro ideal.

NOMES DOS PARTICIPANTES:

ANO E NÚMERO DA REVISTA:

POSSÍVEIS TÍTULOS PARA A CAPA	POSSÍVEIS TEMAS DA NOTÍCIA PARA A CAPA	POSSÍVEIS LAYOUTS, FONTES, IMAGENS, LOGOS E PATROCINADORES QUE COMPÕEM A CAPA DA REVISTA	IDEIA DE *EASTER EGGS*
CONSOLIDADO:	CONSOLIDADO:	CONSOLIDADO:	CONSOLIDADO:

Estratégia 7
Cartas para o eu do futuro

Tempo da missão: 10 a 30 minutos.

Perfil dos tripulantes: Anos Finais do Ensino Fundamental (11 a 14 anos), Ensino Médio (15 a 17 anos), educação superior, formação docente e ambiente corporativo.

Sistema de navegação:

A atividade **Cartas para o eu do futuro** é uma forma interessante de refletir sobre o passado e projetar metas e objetivos para o futuro. Trata-se de uma prática poderosa de autorreflexão e planejamento. Ela incentiva os participantes a definir metas realistas e a adotar medidas para alcançá-las, ao mesmo tempo que cria um senso de responsabilidade e motivação pessoal.

Além disso, ao receber uma carta do passado, os participantes são lembrados das aspirações e dos sonhos que tinham anteriormente. Isso pode ajudá-los a renovar sua motivação e determinação para alcançar essas metas, servindo como uma mensagem tangível sobre seu potencial e das coisas que desejam realizar.

Propósito da missão:

O objetivo desta estratégia é estabelecer os resultados que se pretende atingir por meio da definição de metas, propósitos ou intenções.

Artefatos:

Papel, envelopes e canetas. Caso opte pela prática virtual, o aplicativo FutureMe.

Trajeto da missão:

1 Inicie a atividade convidando os estudantes para refletir sobre seu momento atual, suas conquistas e desafios e, na sequência, visualizar um cenário de 30, 60 ou 90 dias, por exemplo, estabelecendo o que se pretende alcançar.

2 Em seguida, solicite que produzam um texto com uma mensagem para o futuro para construir a cápsula. A cápsula nada mais é que uma caixa ou um envelope que reúna as cartas dos estudantes.

3 Para a produção da mensagem, cada participante deverá colocar no papel um pouco sobre o que faz no momento, apresentando os resultados que pretende atingir, bem como as habilidades que precisa desenvolver. É fundamental que os estudantes listem os objetivos que pretendem alcançar no futuro. Esses objetivos podem ser relacionados a carreira, educação, relacionamentos, saúde ou qualquer área que considerem importante.

4 Oriente os estudantes a terminar a carta com palavras de encorajamento, apoio e motivação. Diga ao seu "eu do futuro" o quanto acredita nele e em seu potencial para alcançar os objetivos definidos.

5 Recolha as cartas para entregar na data marcada (final de um bimestre ou de um semestre) ou use o aplicativo FutureMe.

Ao optar pelo aplicativo, peça que cada estudante registre a mensagem e a programe para ser recebida no dia estabelecido.

Para inspirar os estudantes, você pode lançar perguntas como:

- **Qual é a memória?** Descreva o dia ou cena que está vivendo.
- **O que aconteceu nesse dia?** Quais sentimentos e emoções você está vivendo e contando para si mesmo(a)?
- **Como é o clima ao seu redor?** Condições climáticas e outros objetos ou algo que queira detalhar.
- **Como você chegou a esse dia?** O que estava fazendo, como chegou a esse lugar.
- **Por que esse dia é diferente de outro dia normal?** Detalhe com quem você estava e por que esse dia é significativo.
- **Que notas sensoriais você consegue fazer?** Coisas que você cheirou, ouviu, comeu e que podem ser incorporadas à narrativa.
- **Como essa memória terminou?** Como você se sentiu?

6 Na data marcada, devolva as cartas aos membros da equipe e analise os resultados com todos. Nesse momento é importante parabenizar as conquistas de cada um e programar novas ações para os pontos que ainda necessitam de melhorias.

7 Como professor/facilitador, você também pode pedir que alguns estudantes compartilhem seus resultados. Levando em consideração que essa é uma excelente dinâmica para promover o aumento da produtividade e da motivação pessoal, a cápsula pode conter mensagens individuais, mas também coletivas. Você também pode considerar fazer uma única carta, de forma colaborativa.

8 A prática de escrever cartas para o eu do futuro pode ser repetida periodicamente ao longo do tempo. Isso permite que os estudantes acompanhem seu próprio crescimento, reflitam sobre suas realizações e ajustem suas metas à medida que evoluem. Dessa forma, a atividade se torna uma estratégia contínua de autoconhecimento e planejamento pessoal, promovendo o letramento de futuros.

MAPA DA MISSÃO

CARTAS PARA O EU DO FUTURO

Nome:

_____

1 Escolha o ano em que a carta será recebida.
2 Escolha um cenário futuro para você conectar e criar memórias.
3 Imagine uma história que esteja vivendo ao responder às seguintes perguntas:

QUAL É A MEMÓRIA?

Descreva o dia ou cena que está vivendo.

O QUE ACONTECEU NESSE DIA?

Quais sentimentos e emoções você está vivendo e contando para si mesmo(a)?

COMO É O CLIMA AO SEU REDOR?

Condições climáticas e outros objetos ou algo que queira detalhar.

COMO VOCÊ CHEGOU A ESSE DIA?

O que estava fazendo, como chegou a esse lugar.

POR QUE ESSE DIA É DIFERENTE DE OUTRO DIA NORMAL?

Detalhe com quem você estava e por que esse dia é significativo.

QUE NOTAS SENSORIAIS VOCÊ CONSEGUE FAZER?

Coisas que você cheirou, ouviu, comeu e que podem ser incorporadas à narrativa.

COMO ESSA MEMÓRIA TERMINOU?

Como você se sentiu?

Estratégia 8

Cenários futuros

Tempo da missão: 40 minutos a 1 hora.

Perfil dos tripulantes: Anos Finais do Ensino Fundamental (11 a 14 anos), Ensino Médio (15 a 17 anos), educação superior, formação docente e ambiente corporativo.

Sistema de navegação:

A estratégia **Cenários futuros** é uma abordagem que busca explorar e antecipar possíveis futuros com base na análise de diferentes variáveis e relações. Ela envolve a criação de cenários plausíveis que representem diferentes arranjos e composições entre atores, processos e recursos.

Em contextos educativos, essa estratégia pode ser utilizada como uma ferramenta poderosa para envolver os alunos em atividades de pensamento crítico, reflexão e tomada de decisões informadas. Ela permite explorar diferentes possibilidades e desafios futuros, estimulando os estudantes a desenvolver habilidades tais como criatividade, pensamento estratégico e análise de tendências.

Propósito da missão:

Compreender e aplicar a prática de construção de cenários futuros para analisar as relações entre demandas, recursos disponíveis, capacidade dos sistemas e objetivos.

Artefatos:

Papel e canetas para anotações, recursos digitais (opcional).

Trajeto da missão:

9 Apresente aos alunos o conceito de **cenários futuros**, explicando que são projeções que representam as relações entre demandas e recursos. Destaque a importância de utilizar cenários para compreender as possíveis situações futuras e se preparar para enfrentar desafios e tomar decisões estratégicas.

10 Para gerar inspiração, é recomendável explorar cenários existentes e apresentar variadas situações. Isso inclui identificar desafios técnicos, operacionais e financeiros, assim como considerar cenários intermediários e tendências emergentes. As fases fundamentais para criar esses cenários podem incluir:

- **Identificação das forças motrizes:** nesta fase, os participantes devem identificar as forças motrizes que influenciam o futuro em questão. Essas forças são os principais impulsionadores ou fatores que moldam as mudanças. Os participantes podem realizar atividades como pesquisar e coletar informações sobre tendências, eventos atuais, avanços tecnológicos, mudanças sociais, políticas públicas, entre outros, ou utilizar técnicas como *brainstorming* para capturar ideias e perspectivas diferentes dos participantes.

- **Identificação de incertezas críticas:** os participantes devem identificar as incertezas críticas que podem afetar o futuro e a evolução das forças motrizes identificadas anteriormente. Para tanto, podem analisar as forças motrizes identificadas na fase anterior e apontar os aspectos mais incertos ou imprevisíveis, discutir as diferentes possibilidades e cenários que podem surgir em relação a cada incerteza crítica ou, ainda, priorizar as incertezas críticas mais relevantes e que tenham maior impacto no contexto em estudo.

11 Após a exploração de cenários, divida a turma em grupos e peça para cada um identificar as principais variáveis e relações que devem ser consideradas na construção de cenários futuros. Nesta fase, os participantes devem criar cenários futuros plausíveis, baseados nas forças motrizes e incertezas críticas identificadas anteriormente. Os participantes podem ser divididos em grupos, atribuindo-se a cada um a tarefa de criar um cenário futuro específico.

12 Os grupos devem considerar as diferentes combinações de forças motrizes e incertezas críticas para criar cenários realistas e plausíveis e descrições detalhadas de cada cenário, incluindo elementos como eventos, tendências, mudanças sociais, tecnológicas e políticas, que são consistentes com as forças motrizes e incertezas identificadas.

13 Peça aos grupos que simulem os sistemas utilizando os cenários finais e iniciais, levando em conta as variáveis e relações identificadas. Depois, promova uma discussão em sala de aula para que os grupos compartilhem suas simulações e os resultados obtidos. Nesta etapa, é importante estimular os estudantes a comparar e analisar os diferentes cenários, identificando suas vantagens, desafios e implicações.

14 Na sequência, os participantes devem discutir as implicações dos diferentes cenários futuros e explorar as consequências dos caminhos possíveis. Algumas atividades que podem ser realizadas incluem:

- Apresentar os cenários criados por cada grupo e permitir que todos os participantes os analisem e discutam em conjunto.
- Identificar as vantagens, desafios e oportunidades apresentados por cada cenário.
- Refletir sobre as ações, estratégias e políticas que seriam necessárias para lidar com os desafios e aproveitar as oportunidades em cada cenário.

15 Encerre a atividade promovendo uma reflexão sobre a importância da construção de cenários futuros para o planejamento estratégico e a tomada de decisões informadas. Conclua destacando as principais aprendizagens adquiridas e incentivando os alunos a aplicar essa prática em outros contextos. Durante todo o processo, promova a participação ativa dos alunos, estimulando a troca de ideias e o trabalho em equipe.

Em cada parte, é importante que os participantes sejam encorajados a pensar criticamente, compartilhar ideias e considerar diferentes perspectivas. A prática da construção de cenários é uma oportunidade para o diálogo, a reflexão e a tomada de decisões informadas sobre o futuro.

MAPA DA MISSÃO

CENÁRIOS FUTUROS

Participantes:

1 Escolha a temática do cenário a ser explorado.
2 Identifique as forças envolvidas, considerando notícias relacionadas ao tema ou outras que possam impactar o cenário.
3 Construa sínteses dos cenários encontrados.

FORÇAS MOTRIZES

INCERTEZAS CRÍTICAS

Estratégia 9
Cone de futuros

Tempo da missão: 20 a 30 minutos.

Perfil dos tripulantes: Ensino Médio (15 a 17 anos), educação superior, formação docente e ambiente corporativo.

Sistema de navegação:

A estratégia **Cone de futuros** demonstra que o presente tem suas raízes no passado. Ela lança as ideias para o que acontecerá a seguir, por isso precisamos rever o passado e o presente ao teorizar sobre o futuro. O exercício impõe refletir sobre uma série de passos do presente para um futuro próximo e distante até que possa ser realizado.

Especular cenários, considerando as diferentes perspectivas de futuro, permite romper com a ideia de previsibilidade e linearidade, provocando o novo, a criatividade e a imaginação. Imaginar futuros é uma habilidade que nos prepara para situações diferentes, inclusive as inusitadas. Além disso, nesta atividade o participante traçará passos que o estimularão ao planejamento de ações, como formas de concretizar cenários futuros.

Além de mobilizar os participantes a pensar em estratégias reais para que um cenário futuro possa acontecer, conectando-os com mudanças sociais, legais e ambientais, por exemplo, esta atividade mobiliza pensar outros cenários, propostos pela taxonomia de Voros — dos cenários mais simples e plausíveis aos mais complexos e absurdos.

Propósito da missão:

Auxiliar os estudantes a antecipar possíveis cenários futuros e a elaborar planos de ação mais efetivos para cada um deles, aumentando a capacidade de adaptação da organização às mudanças do mercado, independentemente do campo de atuação profissional.

Artefatos:

Mapa do cone de futuros, notas autoadesivas coloridas e canetinhas.

Trajeto da missão:

1 Organize os participantes em pequenos grupos de até 5 pessoas. Identifique o contexto ou área de interesse que deseja explorar ou solicite que eles definam. Por exemplo, qual é o contexto ou área em que o cone será aplicado: desenvolvimento de novos produtos para uma indústria? Melhora da educação? Diminuição das desigualdades? Preservação do meio ambiente? Mudança de comportamentos?

2 Oriente os participantes por meio do seguinte comando: coloque na extremidade direita, no centro do cone, o futuro projetável, que se conectará com um plano de ação ou passos para que se concretize. Do presente ao futuro, os participantes devem percorrer o centro com ações possíveis de curto, médio e longo prazo para que o futuro desejável se concretize.

3 Oriente os participantes a elaborar hipóteses de futuro. Essas hipóteses explorarão as tendências e incertezas a partir de cenários futuros que irão dos prováveis aos absurdos. As hipóteses conectadas com a taxonomia de Voros devem ficar na borda do cone.

4 Solicite que os estudantes apresentem o resultado do cone indicando o plano de ação para o futuro projetado, e também os demais cenários e hipóteses de futuros levantados por eles.

Nos materiais complementares é possível conferir um exemplo do resultado final do cone.

MAPA DA MISSÃO

CONE DE FUTUROS

Participantes:

_____

1 Escolha um cenário ou problema a ser abordado pelo grupo relacionado à educação, serviços, meio ambiente etc.

2 Coloque na extremidade direita do cone o futuro desejável e percorra o cone com ações do presente para o futuro a fim de realizá-lo.

3 Explore outros cenários futuros preenchendo como seria se fosse: absurdo, possível, plausível, projetado, provável e desejável.

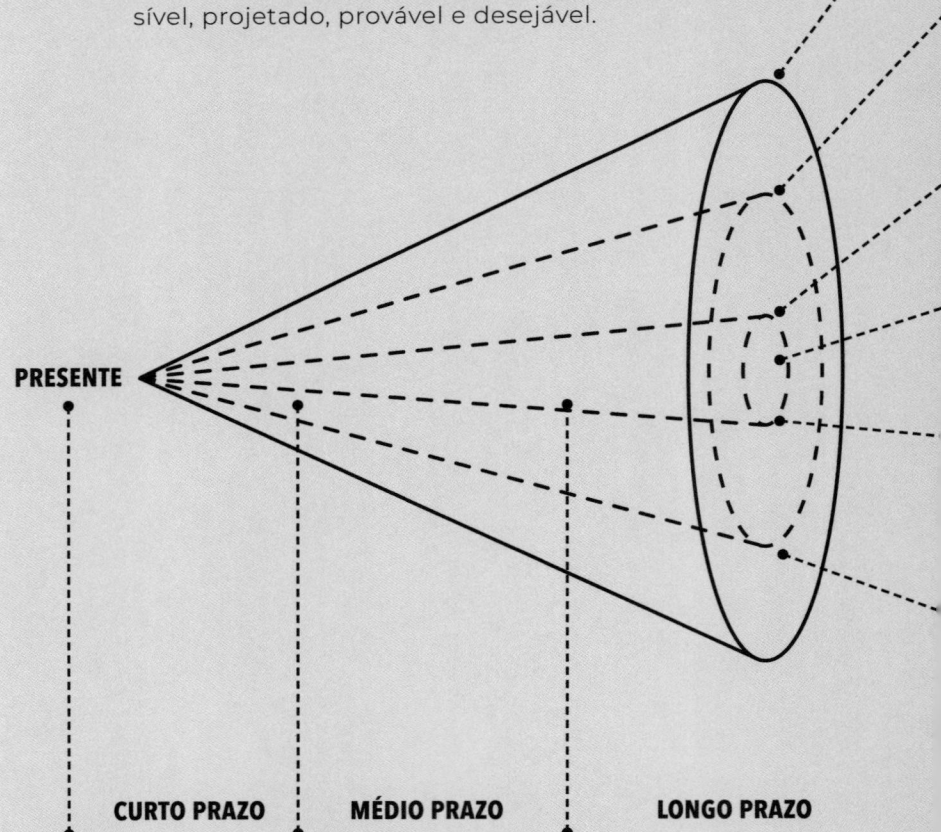

PRESENTE

CURTO PRAZO   MÉDIO PRAZO   LONGO PRAZO

FUTURO ABSURDO	Um futuro ridículo, impossível, que "nunca" vai acontecer.
FUTURO POSSÍVEL	Um futuro que "poderia" acontecer, com base em alguma ideia sobre a qual ainda não temos total clareza.
FUTURO PLAUSÍVEL	Um futuro que pensamos, que pode acontecer, com base nos saberes de hoje.
FUTURO PROJETADO	Um futuro que pensamos ser o mais provável de acontecer, com base na sequência do tempo presente
FUTURO PROVÁVEL	Um futuro "provável" de acontecer, com base em evidências que temos hoje.
FUTURO PREFERÍVEL	Um futuro que desejamos que aconteça.

Estratégia 10

Descobrindo nossos desejos futuros

Tempo da missão: 1 hora.

Perfil dos tripulantes: Adolescentes, jovens e adultos.

Sistema de navegação:

Como descobrimos o que queremos no futuro? Esta estratégia é um modo de ajudar a aprender mais sobre as pessoas por meio da capacidade de se concentrar nelas mesmas para chegar a novas descobertas utilizando a autoimaginação.

Propósito da missão:

Compreender a importância da autorreflexão na busca por descobrir o que queremos no futuro e identificar fatores perturbadores e dinâmicas desfavoráveis que podem impactar nosso equilíbrio pessoal e profissional.

Artefatos:

Papel, canetas, lápis de cor e o *template* "Descobrindo nossos desejos futuros".

Trajeto da missão:

1 Apresente o objetivo da atividade e explique a importância de descobrir o que queremos no futuro para não sermos apenas passivos ou reativos aos acontecimentos.

2 Discuta a relevância da autorreflexão e da identificação de fatores perturbadores para o equilíbrio pessoal e profissional.

3 Inicie a exploração da autorreflexão por meio das seguintes perguntas:

- Onde estou na vida neste momento?
- Do que eu gosto?
- O que me incomoda?
- O que eu quero mudar?

Incentive-os a escrever suas respostas em seus papéis.

4 Peça aos participantes que fechem os olhos e imaginem seu futuro ideal. Instrua-os a visualizar situações e experiências que lhes tragam alegria e felicidade. Encoraje-os a explorar detalhes e a se conectarem emocionalmente com essa visão futura.

Você pode apenas dar os comandos ou criar uma prática de meditação em um local previamente preparado, com música, aromas etc.

5 Após a visualização ou prática meditativa, peça que os participantes escrevam ou desenhem esse futuro ideal.

6 Promova uma breve discussão em grupo sobre as experiências de autoimaginação e os insights obtidos, e destaque a importância da prática contínua de autorreflexão e desenvolvimento pessoal.

7 Para fechamento e consolidação, conclua a atividade com a ideia de que o conhecimento sobre si mesmo é fundamental para definir metas e alcançar um futuro desejado.

MAPA DA MISSÃO

DESCOBRINDO NOSSOS DESEJOS FUTUROS

Participantes:

_____

1 Inicie respondendo às perguntas sobre "onde estou na vida": Do que eu gosto? O que me incomoda? O que eu quero mudar?

2 Na sequência, faça um desenho sobre como seria o futuro ideal.

DESCOBRINDO NOSSOS DESEJOS FUTUROS

AUTORREFLEXÃO

O ato de refletir sobre si mesmo, sua própria experiência, pensamentos, sentimentos e ações envolve a capacidade de observar a si mesmo de forma objetiva e crítica, buscando compreender suas motivações, crenças, valores e padrões de comportamento.

ONDE ESTOU NA VIDA NESTE MOMENTO? *(listar os afazeres, projetos e atividade atuais)*	DO QUE EU GOSTO? *(listar os gostos e interesses)*	O QUE ME INCOMODA? *(listar os elementos perturbadores)*	O QUE EU QUERO MUDAR? *(listar os elementos que gostaria de mudar)*

AUTOIMAGINAÇÃO

A autoimaginação é a capacidade de criar imagens mentais ou representações internas de si mesmo, de situações ou de possibilidades futuras. É um processo de visualização interna que envolve a criação de cenários, experiências ou objetivos desejados.

AÇÃO

Ação é o ato de realizar algo, de agir ou de adotar medidas concretas para atingir um objetivo ou provocar uma mudança. Envolve colocar em prática planos, decisões ou intenções, e é caracterizada pela movimentação física ou mental que leva a uma transformação ou resultado. A importância da ação está na sua capacidade de gerar impacto e produzir mudanças no mundo ao nosso redor. É por meio da ação que fazemos acontecer, superamos desafios, alcançamos objetivos e efetivamente contribuímos para o alcance de resultados desejados. A ação é uma manifestação de nossa capacidade de agir como agentes ativos e de influenciar o curso das coisas.

POR ONDE VOU COMEÇAR?

(Liste as ações que pretende iniciar para conquistar o futuro desejável.)

Estratégia 11

Design fiction

Tempo da missão: 50 minutos a 1h30.
Perfil dos tripulantes: Adolescentes, jovens e adultos.

Sistema de navegação:

Ao explorar cenários futuros especulativos de maneira criativa, os estudantes são incentivados a pensar criticamente, a imaginar possibilidades inovadoras e a refletir sobre as implicações éticas, sociais e tecnológicas desses futuros imaginados. A prática do *Design fiction* possibilita que os estudantes sejam desafiados a imaginar e a criar cenários futuros, desenvolvendo habilidades de pensamento criativo e inovação.

Outro ponto relevante é o fomentar a antecipação, pois o *design fiction* capacita a antecipar e compreender possíveis cenários futuros, preparando os participantes para os desafios e oportunidades que enfrentarão em um mundo em constante mudança; também prepara para lidar com a incerteza, adaptar-se a mudanças e buscar soluções inovadoras para os desafios do mundo atual e futuro.

Por fim, o *design fiction* desenvolve habilidades de comunicação ao criar narrativas, protótipos e outras representações do futuro. Os estudantes aprimoram suas habilidades de comunicação oral, escrita e visual.

Essa abordagem tem relevância ao integrar múltiplas disciplinas, aprimorar habilidades de comunicação e engajar os alunos em um processo de aprendizado motivador e significativo.

Propósito da missão:

Apresentar o conceito de *design fiction* para estimular a criatividade e o pensamento crítico em relação ao futuro, explorando possíveis cenários e produtos futuristas.

Artefatos:

Projetor ou quadro branco para apresentação de slides ou anotações, papel e canetas para atividades práticas.

Trajeto da missão:

1 Inicie a atividade explicando brevemente o conceito de *design fiction* e sua finalidade, que é explorar visões disruptivas da realidade. É importante trazer a definição de Fabian Girardin, destacando que não se trata de prever o futuro, mas sim de considerá-lo de maneira diferente.

2 Defina marcos temporais e estabeleça uma discussão em sala de aula sobre o futuro e como os estudantes imaginam o mundo daqui a 20, 50 ou 100 anos, por exemplo.

3 Ao expor a finalidade de explorar uma miríade de futuros possíveis, destaque a importância de utilizar o termo "futuros", no plural, para indicar a diversidade de cenários que podem ser imaginados. Mencione que o *design fiction* nos permite especular sobre esses futuros, construindo pontes de entendimento e direcionamento estratégico.

4 Faça uma conexão entre a ficção científica e as tecnologias que foram inspiradas por ela e que se tornaram realidade. Aqui, você pode trazer imagens do cinema e de outras obras de ficção que depois se tornaram realidade.

5 Na sequência, mostre exemplos de *design fiction* em diferentes áreas, como tecnologia, transporte, saúde e educação.

Utilize imagens, vídeos ou relatos de projetos já desenvolvidos nesse contexto e explique como esses exemplos extrapolam as limitações do presente e apresentam cenários futuristas. Um caso que pode ser usado para ilustrar a aula é o protótipo de carro voador. Veja no link: https://designe.com.br/mercedes-benz-revela-seu-carro-do-futuro/.

6 Divida os alunos em grupos pequenos (de preferência, de 3 a 4 pessoas) e peça que imaginem um cenário futurista específico. Oriente cada grupo a escolher uma área de interesse, como moradia, trabalho, transporte, entretenimento, saúde etc.

7 Peça que os grupos discutam e descrevam esse cenário futurista, considerando elementos tecnológicos, sociais, culturais, econômicos e outros que julgarem relevantes, ou mesmo que capturem imagens de cenários ou artefatos a partir das temáticas elencadas.

8 Ao finalizarem a atividade, solicite que os estudantes elaborem um entregável para ilustrar o cenário imaginado. Esclareça que, ao final de uma sessão de *design fiction*, podemos materializar ideias e produtos futuristas de forma criativa, por exemplo:

- Escrever roteiros de ficção científica que retratem o futuro imaginado.
- Criar protótipos simples de novas tecnologias, produtos ou serviços usando objetos comuns (MVP - *minimum viable product*).
- Realizar experimentos de comportamento para explorar os modos como as pessoas interagem com o futuro imaginado.
- Produzir vídeos, documentários, curtas-metragens ou apresentações que mostrem o evento futuro.
- Encenar peças teatrais que retratem o futuro imaginado.
- Criar jornais impressos ou telejornais fictícios noticiando os acontecimentos do futuro imaginado.
- Elaborar catálogos que apresentem novas formas de usar produtos existentes ou suas evoluções.

É fundamental compreender que essa atividade vai além de uma simples especulação ou criação de representações do futuro. Ela busca provocar ideias e transformá-las em elementos vivos, tornando-se parte de um ambiente imaginário chamado de "diegese".

9 Convide os grupos a compartilhar o entregável futurista com a turma, de modo que cada grupo explique as principais características e elementos do cenário, ressaltando as inovações e trajetórias inesperadas que imaginaram.

10 Encoraje os demais alunos a fazerem perguntas e a contribuírem com ideias ou sugestões, promovendo uma discussão em sala de aula sobre as diferentes visões de futuro apresentadas pelos grupos.

11 Estimule os alunos a refletir sobre as possíveis vantagens e desvantagens dos cenários futuristas propostos, bem como

MAPA DA MISSÃO
CENÁRIO FUTURISTA

Participantes:

1 Escolha um cenário futurista que queira explorar: arquitetura, transporte, comida, saúde etc.
2 Descreva esse cenário considerando os elementos tecnológicos, culturais, comportamentais, entre outros.
3 Crie uma narrativa para esse cenário detalhando o que acontece.
4 Ilustre ou selecione imagens que possam apoiar a imaginação do cenário.
5 Identifique os principais desafios desse cenário.

1. CENÁRIO A SER EXPLORADO

seus impactos nas áreas escolhidas. Para fechamento e con-solidação, conduza uma conversa sobre as implicações éticas, sociais e ambientais desses possíveis futuros.

Para o fechamento, reforce a importância do *design fiction* como uma ferramenta útil para explorar possibilidades futuras e alimentar a criatividade estimulando-os a continuar imaginando e questionando o futuro em suas áreas de interesse.

2. DESCRIÇÃO DO CENÁRIO

4. IMAGENS QUE REFLETEM O CENÁRIO

3. *STORYTELLING* ENVOLVENDO O CENÁRIO

5. DESAFIOS DESSE CENÁRIO

Estratégia 12
É fato ou ficção?

Tempo da missão: 20 a 40 minutos.

Perfil dos tripulantes: Anos Finais do Ensino Fundamental (11 a 14 anos), Ensino Médio (15 a 17 anos), educação superior, formação docente e ambiente corporativo.

Sistema de navegação:

A estratégia **É fato ou ficção?** é uma atividade que visa desenvolver o pensamento crítico e as habilidades de avaliação de informações dos estudantes em relação a notícias e informações divulgadas.

Esta abordagem auxilia na compreensão da incerteza e da complexidade do futuro. Ao aplicá-la, os estudantes serão expostos a diferentes perspectivas e cenários futuros, notícias, o que os ajudará a compreender a complexidade e as incertezas inerentes à antecipação do futuro. Eles aprenderão a se preparar para lidar com a incerteza e a ambiguidade à medida que exploram e imaginam possíveis futuros.

Esta estratégia é de extrema importância no contexto atual, em que estamos expostos a uma quantidade massiva de informações provenientes de diferentes fontes, muitas vezes apresentando distorções, exageros ou até mesmo notícias completamente falsas.

Outro ponto agregador está na promoção da alfabetização midiática, que capacita a compreender e avaliar as fontes de informação, identificar vieses e manipulações e distinguir entre diferentes gêneros e formatos de mídia. Isso é fundamental para que os estudantes possam navegar de forma crítica e segura em um mundo repleto de informações digitais.

A estratégia **É fato ou ficção?** desempenha um papel relevante no letramento de futuros ao desenvolver o pensamento crítico, a capacidade de discernimento, a análise de fontes de informação futura, a compreensão da incerteza e da complexidade do futuro e a promoção de uma visão crítica e participativa dos alunos em relação ao futuro. Isso os prepara para enfrentar os desafios e tomar decisões informadas e responsáveis em um mundo em constante mudança.

Propósito da missão:

Promover o desenvolvimento do pensamento crítico e a habilidade de discernir as informações verdadeiras das falsas, além de auxiliar os estudantes a lidar com a incerteza e a ambiguidade.

Artefatos:

Papel, revistas, imagens, canetinhas ou aplicativos de design para criação da capa.

Trajeto da missão:

12 Inicie explicando o conceito de *fake news*. Comece a atividade deixando claro que se trata de notícias falsas. Fale sobre os meios como elas são disseminadas e de suas potenciais consequências. Discuta a importância de verificar informações antes de acreditar nelas ou de compartilhá-las.

13 Vale exemplificar notícias reais e falsas por meio da apresentação de exemplos aos alunos, principalmente se eles forem menores de idade. As notícias podem ser retirados de fontes confiáveis e conhecidas. Explore os conceitos de civilidade digital para ajudar a compreender melhor a importância da temática.

14 Explique as regras do jogo "É fato ou ficção?". Os alunos serão apresentados a diferentes notícias e deverão avaliar se são verdadeiras ou falsos. O docente pode entregar papéis para serem usados como plaquinhas, em que estará escrito FICÇÃO e FATO. Se for uma aula online, você pode usar um aplicativo ou mesmo o chat para que eles classifiquem as notícias.

15 Selecione um conjunto de notícias ou artigos para os alunos analisarem. Você pode usar notícias recentes ou preparar materiais específicos para a atividade. Certifique-se de incluir notícias tanto verdadeiras quanto falsas para que os alunos possam praticar a identificação de ambos os casos que tratam de artefatos, notícias e pesquisas futuras. Dê um tempo para eles classificarem cada notícia antes de apresentar a próxima.

16 Peça aos alunos que analisem as características de cada notícia, discutindo os indícios de veracidade ou falsidade presentes em cada uma delas. Outra forma de trabalhar essa estratégia é distribuir as notícias selecionadas para os alunos ou dividi-los em grupos para analisar as informações. Eles devem ler atentamente cada notícia, considerar os critérios discutidos anteriormente e decidir se se trata de um fato ou de ficção.

17 Após a avaliação individual ou em grupo, promova uma discussão em sala de aula. Peça aos alunos que compartilhem suas conclusões e justifiquem suas respostas. Incentive o debate e o questionamento mútuo, estimulando o pensamento crítico e a troca de ideias. Oriente os estudantes a usarem critérios que possam ajudar na avaliação, por exemplo, a fonte da informação, evidências apresentadas, contexto e possíveis vieses.

18 Assim que todos estiverem finalizados, forneça feedback aos alunos, discutindo as respostas corretas e explicando os motivos pelos quais determinada notícia é verdadeira ou falsa. Esclareça quais pistas ou evidências podem ser utilizadas para identificar notícias falsas, reforçando a importância da verificação de informações.

MAPA DA MISSÃO
É FATO OU FICÇÃO?

Participantes:

_____

1 Analise as notícias selecionadas e indique os indícios que evidenciam sua veracidade.

2 Na sequência, aponte os indícios que evidenciem a falsidade.

3 Faça buscas para constatar as fontes e indique o veredito sobre cada notícia.

INDÍCIOS DE QUE PODE SER VERDADEIRA:

NOTÍCIA 1

CONSTATAÇÃO DE FONTES:

CONCLUSÃO:
☐ FATO   ☐ FICÇÃO

INDÍCIOS DE QUE PODE SER FALSA:

NOTÍCIA 2

CONSTATAÇÃO DE FONTES:

CONCLUSÃO:
☐ FATO   ☐ FICÇÃO

INDÍCIOS DE QUE PODE SER <u>VERDADEIRA</u>:

NOTÍCIA 3

CONSTATAÇÃO DE FONTES:

CONCLUSÃO:

☐ FATO ☐ FICÇÃO

INDÍCIOS DE QUE PODE SER <u>FALSA</u>:

NOTÍCIA 4

CONSTATAÇÃO DE FONTES:

CONCLUSÃO:

☐ FATO ☐ FICÇÃO

Estratégia 13

E se?

Tempo da missão: 30 a 50 minutos.

Perfil dos tripulantes: Anos Finais do Ensino Fundamental (11 a 14 anos), Ensino Médio (15 a 17 anos), educação superior, formação docente e ambiente corporativo.

Sistema de navegação:

A prática da estratégia **E se?** baseia-se no pensamento prospectivo com o objetivo de antecipar e compreender as mudanças e as possíveis futuras situações que podem impactar indivíduos, organizações e a sociedade como um todo. Ela envolve analisar tendências, padrões, cenários e, a partir do pensamento "E se?", identificar padrões e considerar diferentes cenários futuros para tomar decisões informadas no presente.

Ao projetarmos a pergunta "E se?", damos oportunidade para o novo, para imaginar o desconhecido, pois imaginar e criar narrativas é um modo de promover o letramento de futuros. Vale destacar a necessidade de acolher as experiências dos estudantes e suas narrativas imaginárias sem julgá-las.

Propósito da missão:

Antecipar possíveis futuros e explorar diferentes possibilidades, levando em consideração variáveis-chave e desafios presentes.

Artefatos:

Mapa do "E se?", lápis, canetas e notas autoadesivas.

Trajeto da missão:

1 Selecione uma tendência, um desafio ou um problema e entregue aos participantes, já organizados individualmente ou em grupo, atribuindo um tempo para estudo. O período de estudo pode ser solicitado anteriormente, como etapa preparatória.

2 Após a análise pelos estudantes, entregue o mapa com a descrição do tema a ser trabalhado e questões do contexto do "E se?", por exemplo: "E se a maioria das pessoas...", "E se 25% do nosso orçamento fosse..." e "E se fôssemos criar um produto...".

3 Os participantes devem debater coletivamente e formular suas ideias a partir das questões direcionadas por meio de respostas, protótipos e banco de ideias. É importante não limitar o modelo de apresentação de cenário.

4 No término, os estudantes podem compartilhar com os colegas os insights gerados.

5 Para fechamento e consolidação, convide os participantes para refletir sobre as consequências, soluções e possíveis inovações para lidar com o problema apresentado. Mostre aos estudantes que, ao questionar as premissas básicas e considerar cenários alternativos, com a prática do "E se?" criam-se condições para explorar futuros não lineares e estimular a mentalidade aberta à inovação e adaptação.

6 Caberá ao docente/facilitador mapear quantas questões, abordagens e contextos para criação de cenários gostaria de estimular.

Veja exemplos da aplicação dessa estratégia nos materiais complementares.

MAPA DA MISSÃO

E SE?

Participantes:

1 Escolha um cenário ou problema a ser abordado pelo grupo relacionado à educação, serviços, meio ambiente etc.

2 Pesquise sobre tendências em sites de notícias, pesquisas etc.

3 Crie no mínimo três cenários respondendo à pergunta "E se?".

TENDÊNCIAS

E SE?

DESAFIO / PROBLEMA

CENÁRIO "E SE?"

Estratégia 14

Especulando objetos futurísticos

Tempo da missão: 1 a 2 horas.

Perfil dos tripulantes: Anos Finais do Ensino Fundamental (11 a 14 anos), Ensino Médio (15 a 17 anos), educação superior e ambiente corporativo.

Sistema de navegação:

Coisas físicas tangíveis são uma ótima maneira de acelerar as discussões sobre suas visões futuras e mergulhar profundamente nas crenças e expectativas de seu público. Especular e criar objetos do cotidiano são projetados para despertar o pensamento sobre o que o futuro reserva.

A natureza física desses artefatos ajuda a trazer alguns dos futuros em potencial para o foco, permitindo-nos entender melhor o que eles podem significar. Ao visualizar as possibilidades, a nossa esperança é que possamos estar mais bem preparados para reconhecer os futuros preferidos e não preferidos, levando-nos a agir agora para o amanhã que desejamos.

Vale lembrar que, por mais reais que alguns desses artefatos possam parecer, eles são fictícios. Eles são um modo de os seus estudantes explorarem cenários futuros sem se perder nas possibilidades infinitas.

Propósito da missão:

Estimular a imaginação e a reflexão sobre coisas futuras, tornando-as tangíveis por meio da criação de artefatos físicos.

Artefatos:

Peças de Lego, papel, tintas, cola e outros materiais básicos de artesanato, ou *template* para criação do artefato.

Trajeto da missão:

1 Inicie a atividade apresentando vários objetos do futuro. Apresente o tema "Objetos do futuro" aos estudantes, explicando que eles terão a oportunidade de explorar ou criar artefatos que representem objetos do futuro. É o momento para debater a importância de tornar as visões futuras tangíveis a fim de acelerar as discussões e a compreensão das expectativas de um público.

Por exemplo:

- Peça aos alunos que escolham um país, uma região e um ano no futuro para basear seu trabalho. Incentive-os a pensar em como o cenário geográfico e o cronograma podem afetar as coisas que existirão futuramente.
- Nesta etapa, é importante fazer a especulação criando uma longa lista de coisas que podem existir no mundo futuro. Destaque que a criatividade e a livre expressão de ideias devem ser aplicadas. Você pode usar uma nuvem temática com aplicativos, o quadro ou notas autoadesivas para inspirar e reunir as ideias especuladas.

2 Em seguida é chegada a hora de selecionar ou criar um objeto do futuro. Peça aos alunos que escolham uma das ideias discutidas no *brainstorming* para desenvolver como seu objeto futuro. Incentive-os a escolher uma ideia que seja instigante e desafiadora, mas também viável de ser representada por meio de um artefato físico.

3 Oriente os participantes a dar um título cativante para o objeto futuro escolhido, tornando-o mais intrigante e atraente. Incentive os alunos a refletir sobre as características do objeto futuro escolhido. Explore as possíveis falhas e problemas.

4 Peça que eles imaginem eventos e acontecimentos futuros relacionados ao objeto que selecionaram ou criaram. Promova uma discussão sobre as consequências positivas e negativas do objeto futuro. Incentive os alunos a refletir sobre as implicações éticas, sociais e ambientais do objeto, levando em consideração suas características e uso potencial.

Aqui, vale pensar em algumas perguntas para ajudar na reflexão:

- E se isso fosse real?
- O que isso significaria para as políticas atuais?
- O que precisaria mudar?
- Que novas políticas precisariam ser introduzidas?
- Quais partes interessadas seriam mais impactadas?
- O que isso significaria para o seu dia a dia de trabalho?
- Se esse é um futuro possível, o que eu quero mudar em minhas ações hoje?

Incentive-os a pensar em como o objeto poderia ser utilizado, como poderia afetar a sociedade e quais mudanças poderiam ocorrer como resultado.

5 Para finalizar, os participantes podem apresentar os objetos selecionados ou criados usando o mapa e compartilhar suas ideias e reflexões com a turma. Vale uma breve apresentação de seu objeto do futuro para os demais. Peça que expliquem suas ideias, os conceitos por trás do objeto e como imaginaram que ele será utilizado no futuro. Incentive a troca de *feedback* e a discussão coletiva sobre as diferentes visões futuras apresentadas.

6 Para fechamento e consolidação, comente com os estudantes que especular sobre objetos físicos é um modo de tangibilizar a visão e, ainda, uma ótima maneira de acelerar as discussões sobre visões futuras e de mergulhar profundamente nas crenças e expectativas de cada um. Além disso, essa atividade promove a discussão sobre questões éticas, sociais e ambientais relacionadas ao futuro.

Veja um exemplo da aplicação da estratégia nos materiais complementares.

MAPA DA MISSÃO

ESPECULANDO OBJETOS FUTURÍSTICOS

Participantes:

_____

1 Escolha um objeto do futuro.
2 Descreva sua funcionalidade.

NOME DO OBJETO DO FUTURO

_____

DESCRIÇÃO:
Descreva brevemente as características e funcionalidades do objeto do futuro que você está criando.

MATERIAIS NECESSÁRIOS:
Lista de materiais que serão utilizados na construção do objeto. Inclua tanto materiais comuns (papel, cola, tesoura etc.) quanto materiais mais futuristas (LEDs, sensores etc.).

ESBOÇO:
Desenhe o esboço do objeto do futuro. Utilize setas e rótulos para indicar as partes principais e suas funcionalidades.

FUNCIONALIDADES PRINCIPAIS:
Liste as principais funcionalidades e recursos do objeto do futuro. Explique como ele irá melhorar a vida das pessoas ou resolver problemas específicos.

CONSEQUÊNCIAS E IMPACTOS:
Reflita sobre as possíveis consequências e impactos do objeto do futuro. Considere as implicações éticas, sociais e ambientais do seu objeto e discuta possíveis cenários futuros.

DESAFIOS E SOLUÇÕES:
Identifique possíveis desafios e obstáculos que poderão surgir na implementação ou uso do objeto do futuro. Pense em soluções criativas para superar esses desafios.

Estratégia 15

Explorando o futuro com provótipos

Tempo da missão: 1 a 2 horas.

Perfil dos tripulantes: Anos Finais do Ensino Fundamental (11 a 14 anos), Ensino Médio (15 a 17 anos), educação superior.

Sistema de navegação:

O termo "provótipo" se refere a uma abordagem que busca criar artefatos reais e tangíveis para representar conceitos, interações ou cenários futuros. Evoca experiências provocativas e concretas para mobilizar reflexões. Isso mesmo: diferentemente de um protótipo, que visa testar um produto com o usuário, o provótipo é uma espécie de prova de conceitos abstratos que permite que as pessoas experimentem e interajam com as ideias de maneira mais concreta.

Ao utilizá-los, podemos visualizar e comunicar de forma mais efetiva como as tecnologias, os serviços ou os ambientes futuros poderiam ser.

Os provótipos podem assumir diversas formas, desde maquetes físicas até interfaces de usuário simuladas, embalagens de produtos ou até mesmo histórias encenadas.

Sua principal finalidade é permitir que as pessoas explorem as possibilidades futuras, gerando insights e estimulando a criatividade. Eles ajudam a testar ideias, identificar desafios e aplicar os conceitos antes de investir recursos significativos no desenvolvimento de soluções finais.

Quando se trata de usar provótipos, é importante seguir algumas diretrizes:

- Eles não precisam ser perfeitos, mas devem ser construídos de forma rápida e com materiais simples, como objetos triviais e suprimentos básicos de artesanato. O foco está no conteúdo e nas interações, não na aparência estética.
- Os provótipos devem permitir que as pessoas interajam com eles de algum modo. Isso pode ser feito por meio de encenações, testes de usabilidade ou simulações de interações com interfaces. Quanto mais imersiva for a experiência, melhor será o ambiente para explorar e avaliar as ideias futuristas.
- Eles são ótimas ferramentas para promover a colaboração em equipe. Ao criar e compartilhar provótipos, as pessoas podem preencher as lacunas com sua imaginação e contribuir com suas próprias perspectivas. A diversidade de ideias enriquece a exploração futurista.
- Os provótipos não precisam ser definitivos; eles podem ser aprimorados e modificados ao longo do processo. É importante obter feedback e iterar sobre eles para refinar as ideias e descobrir novas possibilidades.

Propósito da missão:

Estimular a criatividade dos estudantes por meio da construção de provótipos para explorar futuros tangíveis.

Artefatos:

Peças de Lego, papel, tintas, cola e outros materiais básicos de artesanato para construir uma miniatura da cena. O provótipo também pode ser feito apenas como papel ou por meio de design gráfico.

Trajeto da missão:

1 Inicie a estratégia mostrando a diferença entre um protótipo e um provótipo.

PROTÓTIPO:	PROVÓTIPO (OU PROVA DE CONCEITO):
Um **protótipo** é uma representação inicial de um produto, serviço ou ideia que busca validar e testar sua funcionalidade e viabilidade. Geralmente é criado na fase de design e desenvolvimento, com o objetivo de identificar falhas, ajustar recursos e obter feedback dos usuários antes da produção em escala.	Um **provótipo**, por outro lado, é uma representação tangível de uma ideia futura que busca estimular a imaginação, promover a discussão e explorar conceitos futuristas. Ele é usado para tornar visíveis conceitos abstratos, permitindo uma compreensão mais profunda das visões e expectativas de um público.

2 Na sequência, apresente aos estudantes a ideia de criar um provótipo para explorar o futuro de forma mais tangível, discutindo a importância de olhar para objetos do dia a dia com uma perspectiva futurista a fim de obter insights criativos. É importante explicar que eles terão a oportunidade de criar histórias usando materiais simples, como objetos triviais e suprimentos básicos de artesanato.

Para estimular os estudantes a criar os provótipos, lance perguntas orientadoras que os incentivem a refletir sobre a interação com objetos, tecnologias etc. em nossas vidas diárias. Você pode tomar como base o mapa dos provótipos.

- Como as pessoas podem desempenhar o papel de serviços complexos no futuro?
- Quais objetos ao nosso redor poderiam ser transformados e usados de maneiras inovadoras?
- Como podemos modificar e reutilizar objetos para criar artefatos futuristas?
- Encoraje a participação ativa e anote as ideias no quadro ou em um documento compartilhado.

3 Para a construção de provótipos, é importante definir um contexto, por exemplo: "Como as gerações futuras vão interagir com os recursos de inteligência artificial?". Na sequência, os estudantes devem passar a construir provótipos tangíveis para ajudar a visualizar essas ideias.

4 Divida os estudantes em grupos e atribua uma ideia gerada no *brainstorming*. Solicite que criem uma cena futurista utilizando objetos e materiais disponíveis. Nesta etapa, os estudantes podem usar Lego, papel, tintas, cola e outros materiais básicos de artesanato para construir uma miniatura da cena. Na provotipagem é importante não apenas imaginar coisas futuras, mas também torná-las tangíveis. É uma ideia muito boa criar artefatos, interfaces de usuário e apresentações de vendas futuras reais, ao mesmo tempo que se planeja cuidadosamente como eles serão apresentados ao grupo colaborativo maior.

5 Peça que cada grupo apresente sua cena e explique como os objetos foram utilizados. Incentive a discussão entre os grupos, permitindo que compartilhem ideias, façam perguntas e ofereçam sugestões uns aos outros.

Para fechamento e consolidação, conduza uma reflexão em sala de aula, fazendo perguntas como:

- Como a abordagem de provótipos tangíveis ajudou a explorar ideias futuristas?
- Quais foram os insights mais interessantes e surpreendentes que surgiram durante a atividade?
- Como essas experiências podem ser aplicadas em nossas vidas diárias ou em carreiras relacionadas à tecnologia?

Se quiser dar mais tempo aos estudantes para a execução dessa atividade, você pode solicitar a criação e o compartilhamento de logotipos ou apresentações de vendas futuristas relacionadas às suas cenas.

Ao longo da sequência didática, é importante incentivar a criatividade, a colaboração e o pensamento crítico dos estudantes. Valorize tanto os resultados quanto o processo de criação e reflexão.

- As pessoas podem desempenhar o papel de serviços complexos em seu provótipo?
- Você precisa criar logotipos para organizações ou serviços que ainda não existem?
- Você tem slides ou arquivos figma que poderia usar como base para seus argumentos de vendas de UIs mais futuristas?

Observe os objetos: em suas sessões de provotipagem, é interessante "consultar as coisas" e imaginar os tipos de papéis que elas podem desempenhar.

Para fechamento e consolidação, deixe claro que os provótipos são ferramentas poderosas para explorar e comunicar ideias futuristas. Eles nos permitem experimentar e interagir com o futuro de maneira tangível, gerando insights valiosos e estimulando a criatividade.

Ao usar provótipos, podemos moldar o futuro de maneira mais informada e alinhada com nossas visões e necessidades.

Aqui está uma lista de problemas com temas futurísticos para reflexão:

- **Sustentabilidade e mudanças climáticas:** como enfrentar os desafios das mudanças climáticas, garantindo um futuro sustentável para as gerações futuras? Como podemos adotar tecnologias avançadas para mitigar os efeitos das mudanças climáticas e promover a sustentabilidade ambiental?
- **Exploração espacial e colonização de outros planetas:** quais são os desafios éticos, tecnológicos e sociais envolvidos na exploração espacial e na colonização de outros planetas? Como podemos garantir uma exploração espacial responsável e sustentável?
- **Biotecnologia e modificação genética:** como lidar com as implicações éticas e sociais da modificação genética e da engenharia genética em humanos, plantas e animais? Quais são as preocupações relacionadas à segurança e ao uso adequado dessas tecnologias?
- **Inteligência artificial e automação:** como garantir que a inteligência artificial e a automação sejam benéficas para a sociedade, evitando a substituição em massa de empregos e a ampliação das desigualdades sociais? Quais são as implicações éticas da crescente autonomia das máquinas?
- **Realidade virtual e realidade aumentada:** quais são os desafios e as oportunidades da realidade virtual e aumentada no contexto educacional, de entretenimento e no ambiente de trabalho? Como garantir o uso ético e inclusivo dessas tecnologias?
- **Cibersegurança e privacidade digital:** como proteger dados pessoais e garantir a segurança digital em um mundo cada vez mais conectado? Quais são os desafios enfrentados para prevenir ciberataques e assegurar a privacidade dos indivíduos?
- **Envelhecimento da população e cuidados de saúde:** como lidar com os desafios do envelhecimento da população, como

o aumento da demanda por cuidados de saúde e a necessidade de soluções inovadoras para garantir uma qualidade de vida adequada aos idosos?

- **Ética da inteligência artificial autônoma:** quais são as implicações éticas e sociais da implementação de sistemas de IA autônomos em áreas como veículos autônomos, robôs de serviço e sistemas de decisão automatizados? Como garantir a responsabilidade e a transparência desses sistemas?

MAPA DA MISSÃO

EXPLORANDO O FUTURO COM PROVÓTIPOS

Participantes: _____

1 Defina o contexto e os temas que serão abordados.
2 Descreva um cenário futurista envolvendo o tema escolhido.
3 Descreva um objeto ou serviço conectado com o cenário indicado.
4 Indique a utilidade do objeto criado.

CONTEXTO / TEMA:

Esses problemas futurísticos refletem alguns dos desafios e dilemas que poderemos enfrentar nas próximas décadas.

Ao explorar e discutir esses temas, podemos promover maior conscientização e incentivar a busca por soluções que levem a um futuro mais sustentável, ético e inclusivo por meio da provotipagem.

DESCRIÇÃO DE UM CENÁRIO FUTURISTA:

OBJETO OU SERVIÇO:

UTILIDADE DO OBJETO:

Estratégia 16

Explorando pontos de vista sobre cenários ou artefatos futuros

Tempo da missão: 40 minutos.

Perfil dos tripulantes: Anos Iniciais do Ensino Fundamental (a partir dos 9 anos), Anos Finais do Ensino Fundamental (11 a 14 anos), Ensino Médio (15 a 17 anos), educação superior, ambiente corporativo e formação docente.

Sistema de navegação:

Trabalhar com a atividade de explorar pontos de vista sobre cenários ou artefatos futuros promove o desenvolvimento de habilidades cognitivas, emocionais e criativas. Ao explorar diferentes perspectivas e imaginar cenários futuros, os participantes são incentivados a pensar fora dos padrões estabelecidos e a desenvolver soluções inovadoras. Refletindo sobre como se sentiriam em determinado cenário ou artefato, os participantes têm a oportunidade de explorar seus próprios desejos, necessidades e aspirações, fortalecendo seu autoconhecimento.

A versatilidade desta estratégia possibilita que seja aplicada tanto para crianças como para adultos, conforme algumas sugestões listadas:

- **Contextos profissionais:** a atividade pode ser adaptada para ajudar os adultos a explorar possíveis cenários futuros relacionados ao seu campo de atuação profissional. Eles podem considerar mudanças na indústria, avanços tecnológicos ou novas oportunidades de negócios.
- **Desenvolvimento de carreira:** os participantes podem aplicar a atividade para refletir sobre seus objetivos de carreira, identificar as sensações e emoções associadas a diferentes trajetórias profissionais e avaliar fatores que podem impactar seu sucesso.
- **Tomada de decisões pessoais:** a atividade pode ser utilizada por adultos para explorar possíveis cenários futuros em áreas como relacionamentos, saúde, estilo de vida e hobbies. Os participantes podem considerar diferentes perspectivas e avaliar as consequências de suas escolhas.
- **Desenvolvimento de habilidades de liderança:** os participantes podem adaptar a atividade para explorar cenários futuros em relação à carreira, considerando diferentes estilos de liderança, desafios organizacionais e oportunidades de desenvolvimento.

A possibilidade de exploração de pontos de vista sobre cenários ou artefatos futuros é versátil e pode ser adaptada para diferentes públicos. Ela estimula a criatividade, o pensamento crítico, o autoconhecimento e a empatia, sendo uma ferramenta valiosa para promover o desenvolvimento pessoal e profissional.

Propósito da missão:

Compreender a importância dos pontos de vista na avaliação de cenários futuros ou artefatos imaginários por meio da exploração das sensações e emoções associadas a esses cenários ou artefatos.

Artefatos:

Artefatos ou cenários disponíveis ou criados pelos participantes, papel e lápis de cor, quadro branco ou papel *flip chart* para anotações.

Trajeto da missão:

1   O professor ou facilitador precisa selecionar os artefatos ou cenários futuros que podem decorrer de criação dos próprios estudantes, imaginados ou encontrados na internet.

2 Apresente o conceito de cenários futuros ou artefatos imaginários e sua importância para o desenvolvimento da imaginação e da criatividade e explique como os estudantes irão explorar diferentes pontos de vista sobre esses cenários ou artefatos.

3 Exponha o cenário ou artefato e incentive os estudantes a refletir sobre as sensações e emoções associadas a essas ideias como se estivessem vivendo ou usando os artefatos.

4 Instrua-os a descrever os sentimentos, pensamentos e indagações sobre como se sentiriam ao estar envolvidos nesse cenário ou ao usar esses artefatos.

5 Encoraje-os a identificar onde exatamente eles experimentam essas sensações em seu corpo, promovendo uma discussão em grupo sobre as diferentes sensações e emoções compartilhadas pelos participantes.

6 Incentive-os a descrever como os outros poderiam reconhecer essa missão ou sentimento neles, explorando possíveis fatores perturbadores que poderiam afetar esses sentimentos positivos.

7 Ao finalizar as reflexões coletivas, explique que os participantes deverão classificar seus sentimentos de acordo com uma escala ilustrada com emojis.

8 Depois que a escala for preenchida, lance questões sobre o que seria preciso mudar naquele cenário para se alcançar um sentimento positivo mais forte.

9 Convide os participantes a compartilhar suas frases e a discutir suas reflexões e os ajustes feitos, incentivando-os a expressar sua criatividade e empatia, elogiando seus esforços e contribuições. Por fim, conclua a atividade reforçando a importância dos pontos de vista e da autoavaliação na criação de cenários ou artefatos futuros.

Olha só!

Esta estratégia pode ser adaptada de acordo com a idade e o nível de habilidade dos participantes. É importante fornecer um ambiente seguro e encorajador para a expressão pessoal.

MAPA DA MISSÃO

EXPLORANDO PONTOS DE VISTA SOBRE CENÁRIOS OU ARTEFATOS FUTUROS

Participantes:

1 Avalie os cenários e artefatos a partir das suas emoções. Descreva seus sentimentos, pensamentos e indagações.

2 Reflita sobre como os cenários ou artefatos poderiam ser modificados.

3 Reavalie novamente as emoções sentidas.

CENÁRIO OU ARTEFATO

DESCREVA SEUS SENTIMENTOS E OPINIÕES EM RELAÇÃO AO USO DO ARTEFATO OU VIVÊNCIA DESTE CENÁRIO:

UTILIZE A ESCALA DE EMOJIS PARA REPRESENTAR OS SENTIMENTOS EM RELAÇÃO AO USO DO ARTEFATO OU VIVÊNCIA DO CENÁRIO.

LISTE OS ASPECTOS DO CENÁRIO OU ARTEFATO QUE PODERIAM SER MODIFICADOS PARA GERAR SENTIMENTOS MAIS POSITIVOS

QUANTO AO CENÁRIO REIMAGINADO, UTILIZE NOVAMENTE A ESCALA PARA REPRESENTAR SEUS SENTIMENTOS.

Estratégia 17
Finitude e relação com o tempo

Tempo da missão: 50 minutos a 1h30.

Perfil dos tripulantes: Ensino Médio (15 a 17 anos), educação superior e ambiente corporativo.

Sistema de navegação:

A estratégia **Finitude e relação com tempo** foi elaborada para que os participantes se conscientizem sobre a passagem do tempo. No campo do futurismo, busca-se explorar o futuro e as transformações que ocorrerão ao longo do tempo. Ao discutir a finitude e a importância de aproveitar o tempo presente, os estudantes são estimulados a refletir sobre como suas ações e escolhas podem influenciar o futuro.

Além disso, o futurismo muitas vezes pode estar associado a um foco excessivo no futuro, nas inovações e nas mudanças que estão por vir. No entanto, é importante lembrar que o futuro é construído a partir do presente. Ao trazer a discussão sobre a finitude e a valorização do momento atual, os estudantes são incentivados a aproveitar as oportunidades e a viver plenamente no presente.

Outro ponto que se destaca nesta estratégia é a possibilidade de refletir sobre a própria mortalidade. Vale considerar as discussões sobre o futuro, que despertam a curiosidade sobre o progresso tecnológico e a possibilidade de prolongar a vida ou até mesmo alcançar a imortalidade. No entanto, a discussão sobre a finitude nos lembra de que a morte é uma parte natural do ciclo da vida.

O mais importante aqui é que, ao realizar especulações sobre o futuro e as possíveis consequências de nossas ações no longo prazo, a temática da finitude leva os estudantes a refletir sobre como as escolhas e hábitos no presente podem impactar não apenas suas próprias vidas, mas também o mundo ao seu redor e as gerações futuras.

Propósito da missão:

Compreender o conceito de finitude e sua relação com o tempo presente e nossa relação com o tempo futuro até a morte. Refletir sobre a importância de aproveitar os momentos presentes e seus impactos no futuro. Analisar o impacto das escolhas e hábitos no futuro.

Artefatos:

- Cópias da história *O pato, a morte e a tulipa* (ou acesso online ao texto).
- Tabela com a expectativa de vida de diferentes animais.
- Papel e lápis para atividades de escrita.
- Materiais de arte, como lápis de cor, canetas coloridas e folhas de papel em branco.
- Quadro branco ou flip chart e marcadores.
- Recursos de acesso ao site do "Relógio da Morte" (se necessário).
- Notas autoadesivas.

Trajeto da missão:

1 Inicie a atividade falando sobre o conceito de finitude e sua relação com o tempo presente até a nossa morte. A ideia não é explorar os sentimentos de perda ou luto, mas de aceitação e reflexão do tempo presente. No entanto, esteja disposto para o caso de ocorrer abertura para a temática.

2 Explore brevemente a importância de refletir sobre a finitude e de aproveitar os momentos presentes de forma significativa.

Se quiser estimular ainda mais essa reflexão, conte a história *O pato, a morte e a tulipa*, observando as reflexões sobre a vida e a finitude presentes na história.

O pato, a morte e a tulipa é um livro ilustrado do renomado artista alemão Wolf Erlbruch, publicado, originalmente, em 2007. Ele aborda a temática da morte de maneira leve e com ilustrações delicadas. A história conta a relação de amizade inusitada entre o pato e a morte, explorando as dimensões do medo, da amizade, da ressignificação e da imprevisibilidade.

3. Caso perceba algum estranhamento ao longo da leitura, faça pausas estratégicas para discutir com os alunos sobre as reflexões e os sentimentos dos personagens, bem como sobre sua própria interpretação da história.
4. Apresente aos estudantes a tabela com o tempo médio de vida de diferentes animais. Incentive-os a refletir sobre a diferença entre a expectativa de vida de cada animal e sobre a maneira como isso pode se relacionar com a nossa própria finitude.

Avestruz	40 anos
Aranha	2 anos
Arara	60 anos
Águia	60 anos
Baleia	40 anos

Cachorro	12 anos
Camelo	50 anos
Cavalo	30 anos
Crocodilo	70 anos
Elefante	120 anos

Formiga	01 ano
Gato	15 anos
Girafa	15 anos
Gorila	23 anos
Leão	20 anos

Faça perguntas aos estudantes, tais como "O que podemos aprender sobre o valor do tempo a partir dessas informações?" ou "Como podemos aplicar essas reflexões em nossas próprias vidas?".

5. Introduza o conceito das zonas azuis de Buettner, explicando que são áreas do mundo onde as pessoas vivem mais e são mais felizes. Apresente brevemente as características dessas zonas (Sardenha, na Itália; Okinawa, no Japão; Nicoya, na Costa Rica; Loma Linda, nos Eua; e Ikaria, na Grécia) e explique como os hábitos e estilos de vida dessas populações podem influenciar seu tempo de vida e bem-estar.

Nesta etapa, é fundamental incentivar os alunos a pensar sobre os hábitos e sobre como podem aplicar alguns princípios em suas próprias vidas. Considere o respeito às crenças e valores individuais quanto aos hábitos. Utilize o mapa para dias mais felizes.

6 Se disponível, apresente aos alunos o site do "Relógio da Morte" e explique brevemente seu propósito de lembrar a importância da vida e do tempo que escapa sem percebermos: http://deathclock.com/.

7 Para a última etapa da atividade, distribua materiais de arte para os estudantes, como lápis de cor, canetas coloridas e folhas de papel em branco, e peça que criem um desenho que represente a importância de aproveitar o tempo presente e de viver a vida de forma plena.

8 Os estudantes podem compartilhar suas criações e explicar o significado por trás delas.

9 Para fechamento e consolidação, encoraje os estudantes a refletir sobre a importância de valorizar cada momento e de fazer escolhas conscientes que impactem positivamente seu futuro. Realize uma retomada dos principais pontos discutidos durante a aula.

10 Oriente aos alunos que preencham do Mapa *Finitude e relação com o tempo*, refletindo sobre ações de preservação de saúde ou da vida que podem realizar para organizar seu presente e futuro com relação a cada perspectiva temporal.

Por se tratar de um assunto sensível e pessoal, certifique-se de estar atento às reações dos estudantes e ofereça um ambiente seguro e acolhedor para discussões. Respeite as opiniões e experiências individuais, evitando impor pontos de vista específicos.

MAPA DA MISSÃO

FINITUDE E RELAÇÃO COM O TEMPO

Esta atividade é inspirada no livro de Philip Zimbardo e John Boyd *O paradoxo do tempo*. A ideia é que o participante possa organizar seu presente e seu futuro com ações relativas às diferentes perspectivas temporais.

Nome:

_____

1 Descreva na forma de ações como você atuará nas diferentes dimensões do seu tempo, conforme a orientação do mapa.

PASSADO

CULTIVAR A
ESPIRITUALIDADE

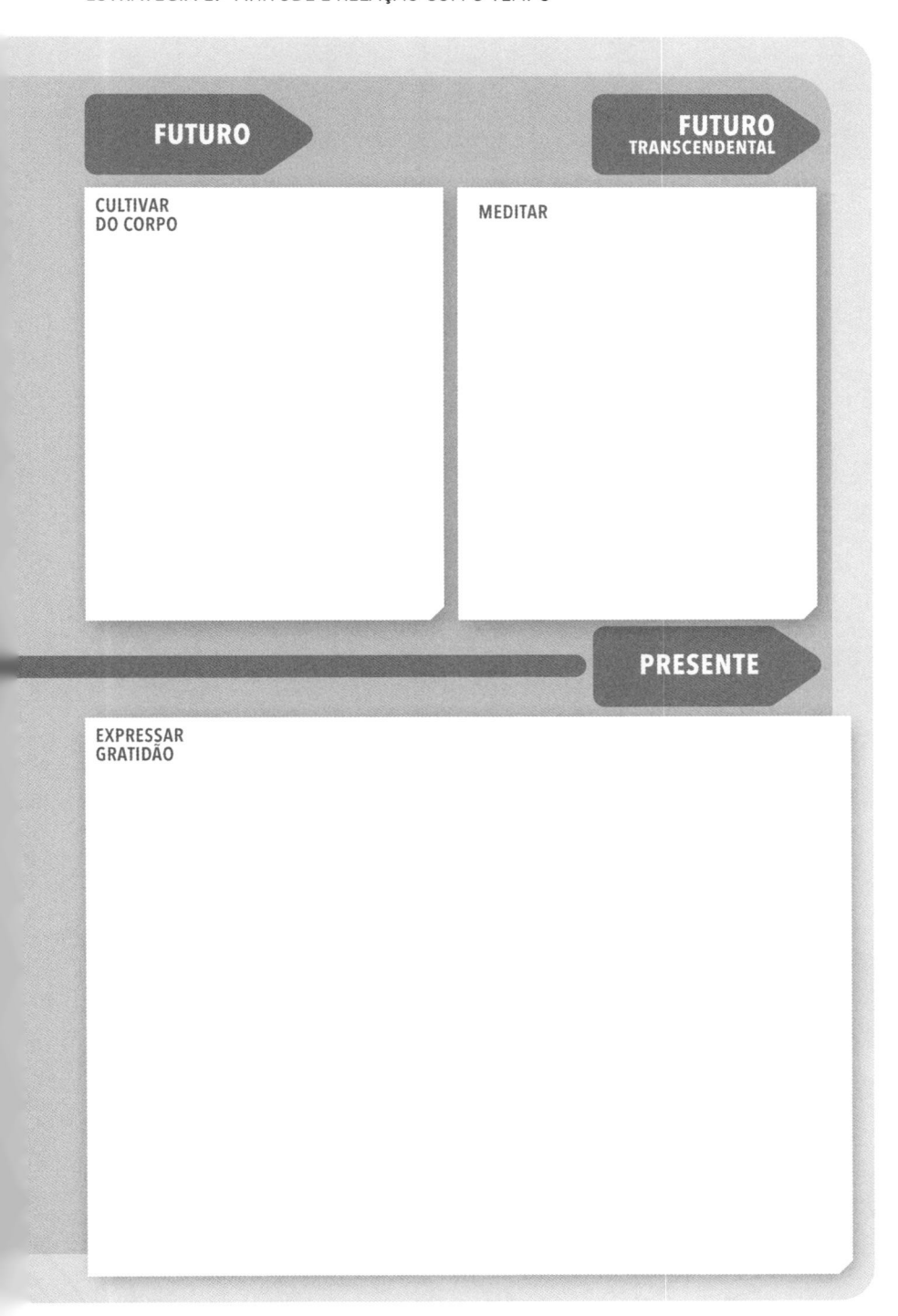

Estratégia 18
Futuros imaginários

Tempo da missão: 20 a 40 minutos.

Perfil dos tripulantes: Anos Finais do Ensino Fundamental (11 a 14 anos), Ensino Médio (15 a 17 anos), educação superior, formação docente e ambiente corporativo.

Sistema de navegação:

Essa estratégia pedagógica visa estimular a imaginação, a criatividade, o pensamento crítico e a reflexão dos estudantes, permitindo que eles explorem diferentes cenários futuros e suas implicações. Ao materializar suas criações, os estudantes terão a oportunidade de compartilhar suas ideias e de se aprofundar na construção de narrativas que reflitam suas visões de futuros possíveis.

Propósito da missão:

O objetivo desta atividade é desenvolver a habilidade dos estudantes de criar cenários e imaginar futuros.

Artefatos:

Imagens, vídeos, músicas e materiais escolares, tais como lápis, papel, quadros brancos ou dispositivos eletrônicos para os estudantes digitarem ou representarem suas respostas.

Trajeto da missão:

1 Apresente o objetivo da atividade e explique a importância de imaginar e criar narrativas para construir futuros. Destaque que a imaginação é uma ferramenta poderosa para moldar o mundo ao nosso redor.

2 Como um estímulo provocativo, apresente aos estudantes um objeto ou recurso, por exemplo, uma imagem, um vídeo, uma música ou outro elemento que desperte a imaginação. Por exemplo, você pode mostrar o vídeo http://tinyurl.com/4a88z-zvr e permitir que os estudantes reflitam sobre ele.

3 Formule a pergunta central "E se?" e peça que a completem com base no estímulo apresentado. Por exemplo, "E se a imagem do vídeo representasse um futuro distante?".

4 Peça aos estudantes que estabeleçam uma data fictícia para o cenário imaginado e inicie um exercício imaginativo para inspirar a criação de imagens mentais nas quais eles possam realizar, individualmente ou em grupo, as perguntas relacionadas ao cenário imaginado, utilizando a estrutura fornecida como no mapa.

5 Depois de realizar o processo reflexivo por meio das questões, os estudantes devem fazer a representação com os materiais disponíveis.

6 Assim que finalizarem a construção de cenário, convide-os a compartilhar suas respostas em grupos ou em uma roda de discussão, encorajando-os a ouvir atentamente as ideias dos colegas e a fazer perguntas para obter mais detalhes.

7 Realize o fechamento por meio de uma reflexão coletiva sobre as ideias apresentadas, explorando os pontos em comum, as diferenças e os insights obtidos durante o processo. Incentive os estudantes a refletir sobre as possíveis conexões entre os futuros imaginados e a realidade atual.

Para ampliar a atividade, o professor/facilitador pode pedir aos estudantes que materializem suas criações, criando um catálogo de produtos ou serviços relacionados ao cenário imaginado, um manual de instruções para um objeto fictício, uma história em quadrinhos que explore o tema, um vídeo explicativo, manchetes de jornais futuristas, desenhos, entre outras formas de representação escolhidas por eles.

MAPA DA MISSÃO
FUTUROS IMAGINÁRIOS

Participantes:
_____

A partir das provocações, em grupo, resolva os desafios lançados!

PROVOCAÇÕES

EM GRUPO, debatam as seguintes questões:

Que cenário nós queremos criar? Como é esse cenário? Onde ele está? Por que ele é assim? Quem habita esse cenário? Por quê? Como as "pessoas" agem? O que elas sentem? Quais tecnologias existem? Por quê? Como? Quais os impactos desse cenário/tecnologia/comportamento? Quais os desafios desse cenário? O que esse cenário tem de bom? E de ruim? Como vamos representar esse cenário?

FUTURO IMAGINADO

FUTURO IMAGINADO

EM GRUPO, estabeleça alguma forma criativa de representar visualmente o cenário, por exemplo, com desenhos, histórias em quadrinhos, vídeos, objetos, entre outros

Descrevam o cenário futuro imaginado, detalhando a localização e a razão para as características do cenário. Criem personagens e expliquem por que eles habitam esse cenário, descrevendo ações e emoções dos personagens. Imaginem as tecnologias presentes no cenário e expliquem sua razão de existência e funcionamento. Apontem os dilemas e obstáculos que surgiriam nesse futuro imaginado, elencando vantagens do cenário e das tecnologias presentes.

FUTURO IMAGINADO

Estratégia 19

Futuro Solarpunk

Tempo da missão: 20 a 40 minutos.

Perfil dos tripulantes: Anos Finais do Ensino Fundamental (11 a 14 anos), Ensino Médio (15 a 17 anos), educação superior.

Sistema de navegação:

Esta estratégia é baseada nas ideias do movimento Solarpunk, que tem como objetivo combater visões distópicas e promover uma perspectiva otimista para um futuro sustentável. A aplicação desta abordagem na sala de aula auxiliará na conscientização dos estudantes sobre as visões distópicas comuns na mídia e na sociedade, destacando como essas narrativas podem afetar negativamente nosso pensamento e ação. Do mesmo modo, a estratégia mostra que cada um tem o poder de criar um futuro melhor e mais positivo.

O movimento Solarpunk serve como inspiração justamente por desafiar as visões distópicas predominantes e propõe soluções baseadas em energia renovável, ecologia, comunidade e tecnologia. Ao explorar os princípios do Solarpunk, os estudantes são incentivados a pensar de forma criativa e a encontrar soluções que promovam um futuro otimista.

Combinar esses elementos do movimento Solarpunk com a aplicação desta estratégia pedagógica na sala de aula, auxiliará na perspectiva otimista e inspirará os participantes a se tornarem agentes de mudança em direção a um futuro mais sustentável, além de oferecer a oportunidade de combater visões distópicas e de cultivar uma mentalidade mais positiva e esperançosa em relação ao futuro.

Propósito da missão:

Capacitar os participantes a combater visões distópicas por meio da criação coletiva de soluções e ideias baseadas no movimento Solarpunk.

Artefatos

Papel grande ou quadro branco, canetas coloridas, adesivos ou marcadores coloridos, papel e canetas.

Trajeto da missão

1 Apresente brevemente o conceito do movimento Solarpunk, explicando sua visão otimista de um futuro sustentável e destacando a importância de combater visões distópicas.

Nesta etapa, você pode trazer informações, imagens prontas ou pedir que os estudantes façam a própria busca. É importante incentivar os participantes a refletir sobre os impactos negativos das visões distópicas e sobre como elas podem limitar a criatividade e a busca por soluções.

Você pode ainda buscar representações visuais com base no movimento Solarpunk no banco de imagens do Midlibrary: http://tinyurl.com/yvytfa7b.

2 Estabeleça um limite de tempo e encoraje a criatividade e o pensamento fora da caixa, pedindo que todos os estudantes escrevam, individualmente ou em pequenos grupos (duplas ou trios), ideias, conceitos ou soluções relacionados ao Solarpunk que possam ajudar a combater visões distópicas.

3 Após o tempo estipulado, peça que cada participante compartilhe suas ideias em voz alta, enquanto você as anota em um papel grande ou no quadro branco. Esse é o momento de organizar as ideias anotadas em categorias relacionadas, como

energia renovável, comunidades resilientes, tecnologia sustentável, arte e cultura, entre outras. Para facilitar a categorização, utilize canetas coloridas para destacar cada categoria e facilite a visualização das diferentes áreas de foco.

4 Com a categorização estabelecida, divida os participantes em grupos, atribuindo uma categoria específica a cada um. Peça aos estudantes que, em grupo, discutam para aprofundar e expandir as ideias relacionadas à categoria designada. Incentive-os a trabalhar em conjunto, combinando diferentes perspectivas e habilidades para gerar soluções mais robustas e criativas.

5 Como essa é uma etapa criativa, os estudantes podem usar adesivos ou marcadores coloridos para anotar suas ideias e colá-las no papel grande ou no quadro branco, criando uma representação visual das soluções.

6 Após a construção colaborativa, cada grupo deve apresentar suas soluções para o restante dos participantes. Incentive-os a compartilhar as ideias de forma clara e criativa, destacando como essas soluções podem combater visões distópicas e promover um futuro Solarpunk. Após cada apresentação, abra espaço para perguntas e discussões, permitindo que os participantes compartilhem suas opiniões e ofereçam insights adicionais.

7 Para o fechamento, conduza uma breve reflexão em grupo, incentivando os participantes a expressar como se sentiram ao participar da dinâmica e quais ideias consideraram mais importantes. Finalize ressaltando a importância de manter uma mentalidade otimista e de ação diante dos desafios, destacando a capacidade de cada um contribuir para a construção de um futuro sustentável.

Veja as sugestões destes cinco sites sobre o movimento Solarpunk que podem inspirar a dinâmica:

- **Bienvenue! Horizons Solarpunk:** este site francês promove o movimento solarpunk e discute alternativas mais inclusivas, equitativas e harmoniosas com a natureza. Ele também oferece um manifesto solarpunk e outras informações interessantes. Disponível em: https://www.horizons-solarpunk.com/.
- **Reddit Solarpunk Community:** a comunidade Solarpunk no Reddit é um espaço online onde pessoas interessadas no movimento compartilham ideias, projetos, notícias e recursos relacionados ao tema. Disponível em: http://tinyurl.com/57pb25ak.

MAPA DA MISSÃO

FUTURO SOLARPUNK

Participantes:

_____

1. Com base nas imagens, descreva, individualmente ou em pequenos grupos, o que elas representam e que sentimentos geram.

2. Escolha uma categoria e, no grupo, aprofunde o cenário, expandindo ideias e experiências.

3. Apresente uma solução que possa combater as visões distópicas e promover um futuro Solarpunk.

Fonte: Midlibrary.

NOMES DOS PARTICIPANTES:

INDIVIDUAL (*BRAINWRITING*)

O QUE ESSAS IMAGENS PRODUZEM EM MIM:

CONSOLIDAÇÃO DO GRUPO

MEIO AMBIENTE SERÁ...

ARTE SERÁ...

POLÍTICA SERÁ...

_____ SERÁ...

_____ CONSOLIDADO.

Estratégia 20
Mapeando tendências, descobrindo oportunidades

Tempo da missão: 20 a 30 minutos.

Perfil dos tripulantes: Anos Finais do Ensino Fundamental (11 a 14 anos), Ensino Médio (15 a 17 anos), educação superior e ambiente corporativo e formação docente.

Sistema de navegação:

A estratégia **Mapeando tendências, descobrindo oportunidades** foi elaborada para criação de produtos ou soluções alinhados com as tendências do mundo do trabalho e que ajudem as pessoas a se preparar para o futuro.

Tendências são padrões emergentes ou direções futuras que indicam mudanças ou evoluções em diferentes áreas, como moda, tecnologia, comportamento do consumidor, economia, entre outros. Elas refletem as preferências, demandas e expectativas das pessoas e podem influenciar as decisões e ações de empresas, governos e da sociedade em geral.

As tendências que estão impactando o mundo do trabalho moldam a maneira como trabalhamos, interagimos e nos adaptamos às mudanças sociais, tecnológicas e econômicas a médio e curto prazo.

Vejamos algumas tendências que influenciam o desenvolvimento de produtos e soluções:

- **Automação e inteligência artificial**: à medida que mais tarefas se tornam automatizadas, é importante ajudar os alunos a desenvolver habilidades complementares às máquinas. Podemos criar cursos e programas de ensino que enfatizem a criatividade, o pensamento crítico e as habilidades sociais, que são difíceis de serem replicadas por máquinas.
- **Digitalização e transformação digital:** a digitalização está mudando a forma como nos comunicamos, trabalhamos e aprendemos. Podemos desenvolver aplicativos interativos, plataformas de aprendizado online e recursos digitais que permitam aos alunos explorar conceitos de maneira prática, interativa e personalizada.
- **Sustentabilidade e responsabilidade social:** a preocupação com o meio ambiente e a responsabilidade social está em alta. Podemos criar programas educacionais que ensinem os alunos sobre sustentabilidade, energias renováveis, desenvolvimento sustentável e ética empresarial, preparando-os para carreiras alinhadas com práticas sustentáveis.
- **Envelhecimento da força de trabalho:** com uma população mais madura, podemos desenvolver programas de aprendizado ao longo da vida que atendam às necessidades de diferentes fases da vida e permitam que os trabalhadores mais velhos compartilhem seu conhecimento e experiência com as gerações mais jovens.
- **Economia *gig* e flexibilidade no trabalho:** a economia *gig* está em crescimento, e podemos criar cursos e programas que ensinem habilidades empreendedoras, gestão financeira pessoal e como aproveitar as oportunidades da economia sob demanda.
- **Globalização e diversidade:** em um mundo globalizado, a capacidade de se comunicar e de colaborar com pessoas de diferentes culturas é fundamental. Podemos desenvolver programas de educação intercultural que ajudem os alunos a se adaptar a diferentes contextos e a valorizar a diversidade.

Ao propor os produtos e soluções, é essencial pensar em como essas tendências se interconectam e como podemos abordá-las de forma holística. Além disso, a tecnologia desempenha um papel fundamental no futuro da educação, permitindo práticas mais personalizadas, adaptáveis e acessíveis.

Propósito da missão:

Apoiar a criação de produtos, soluções ou melhorias alinhados com as tendências do mundo do trabalho futuro.

Artefatos:

Marcadores, papel e canetas para os estudantes e mapa "Mapeando tendências, descobrindo oportunidades".

Trajeto da missão:

1. Inicie fazendo um levantamento de hipótese sobre o conceito de tendência e sua importância para setores e mercados.

2. Explore a ideia de que existem coisas que estão "na moda" ou que muitas pessoas estão fazendo, mostrando como é importante entender essas tendências para tomar decisões melhores. Apresente aos alunos uma variedade de fontes de informação relevantes para mapear tendências, como sites especializados, relatórios de pesquisa, publicações acadêmicas, notícias, redes sociais, entre outros.

3. Caso seja relevante, atribua um tempo para exploração desses diferentes tipos de fontes para que os estudantes obtenham uma visão abrangente das tendências atuais e emergentes.

4. Peça que eles escolham um tema ou interesse que lhes seja familiar e interessante, como automação e inteligência artificial, digitalização e transformação digital, sustentabilidade e responsabilidade social, envelhecimento da força de trabalho, economia *gig* e flexibilidade no trabalho. Caso seja aplicado para educação básica, os temas podem ser brinquedos, esportes, música, animais etc. Deixe claro que os estudantes vão explorar tendências relacionadas a esse tema específico.

5. Explique que o mapeamento de tendências ajuda a obter insights sobre o presente e o futuro, auxiliando na tomada de decisões informadas e no desenvolvimento de estratégias adequadas. Mostre aos estudantes diferentes fontes de informação adequadas à sua faixa etária, como livros ilustrados, revistas, vídeos, sites e aplicativos educativos. Incentive-os a explorar essas fontes para descobrir o que está "em alta" quanto ao tema escolhido.

6. Nesta etapa é fundamental incentivar os estudantes a pensar sobre como as tendências que eles identificaram podem

evoluir no futuro. Faça perguntas sobre o que eles acham que pode acontecer com as tendências, se algo novo pode surgir ou se alguma tendência pode mudar.

7 Auxilie os alunos a analisar as tendências selecionadas, buscando entender seus impulsionadores, impactos potenciais e como elas se relacionam com o setor ou mercado escolhido. Incentive-os a fazer conexões entre diferentes tendências e a identificar possíveis interações e sinergias.

8 Já com as tendências definidas, entregue o *template* da atividade e atribua um tempo para o preenchimento dos estudantes em grupo ou individualmente. Caberá aos estudantes indicar a situação relacionada à tendência, apontando os contextos e desafios, as necessidades e, por fim, a solução.

9 Desafie-os a usar a criatividade para pensar em como aplicar as tendências identificadas. Peça que criem algo relacionado ao tema escolhido que seja inovador e que possa ser compartilhado com os colegas. Pode ser a criação de um produto, de um serviço ou uma melhora inovadora. Eles podem ainda buscar soluções já disponíveis no mercado.

10 Conclua a aula incentivando os estudantes a refletir sobre o processo de mapeamento de tendências e como ele pode ajudá-los a tomar decisões melhores. Incentive-os a propor estratégias concretas com base nas tendências mapeadas, considerando como elas podem ser implementadas e quais são os resultados esperados. Feche a atividade estimulando-os a pensar em como podem continuar aprimorando suas habilidades de mapeamento de tendências no futuro.

Como atividade complementar, os alunos podem ser desafiados a escrever um relatório de mapeamento de tendências para um setor ou mercado específico, aprofundando ainda mais a aplicação dos conceitos abordados na aula.

MAPA DA MISSÃO

MAPEANDO TENDÊNCIAS, DESCOBRINDO OPORTUNIDADES

Participantes:

1 O mapeamento de tendências é uma estratégia que envolve identificar, analisar e acompanhar as tendências relevantes para um determinado setor ou mercado.

2 O objetivo é obter insights sobre o que está acontecendo no presente e o que é provável que ocorra no futuro, a fim de tomar decisões mais informadas e de desenvolver estratégias adequadas

INDICAR A ÁREA

	SITUAÇÃO (contexto e desafios)	NECESSIDADES (conhecimentos necessários)	SOLUÇÕES (produtos, serviços ou melhorias)
Automação e inteligência artificial			
Digitalização e transformação digital			

Sustentabilidade e responsabilidade social	
Envelhecimento da força de trabalho	
Economia *gig* e flexibilidade no trabalho	
Globalização e diversidade	
Outros	

Estratégia 21

O que eu quero para o mundo, quero para mim!

Tempo da missão: 2 horas.

Perfil dos tripulantes: Ensino Médio (15 a 17 anos), educação superior, formação docente e ambiente corporativo.

Sistema de navegação:

Em um mundo de transformações aceleradas e cada vez mais incerto, os sentimentos de medo, ansiedade e pessimismo com relação ao futuro podem estar presentes. Esses sentimentos por vezes podem se intensificar, ampliando quadros de ansiedade, depressão ou outros transtornos mentais.

Como profissional da educação, é preciso estar atento às questões socioemocionais dos estudantes, especialmente dos mais jovens. Assim, ajudá-los a imaginar o futuro com mais esperança é fundamental.

O relatório da UNESCO (2022) *Reimaginar nossos futuros juntos* alerta para a encruzilhada em que vivemos e a necessidade de renovação e transformação que o conhecimento e a educação precisam promover. A educação tradicional está falhando em seus processos de aprender e não cumpre o propósito de construir futuros mais pacíficos e sustentáveis. Prova disso são os cenários que mostram o planeta em perigo, o retrocesso da governança democrática no mundo, o potencial transformador das tecnologias digitais e o desafio de promover um trabalho digno aos humanos.

Somado a isso, o declínio das competências socioemocionais na adolescência e o aumento de sintomas de depressão e ansiedade dos jovens no cenário pós-pandêmico tornam o fazer docente mais desafiador (OCDE, 2022).

Como apoiar os jovens em formação, durante o processo de escolha da sua carreira profissional, a imaginar seu futuro de maneira mais positiva e esperançosa? Como a escola e os professores podem apoiar o desenvolvimento de competências que mantenham os jovens relevantes socialmente? Pensar em estratégias que desenvolvam as competências de letramento de futuros é fundamental.

Propósito da missão:

Apoiar jovens e adolescentes na criação de cenários futuros positivos, associados a projetos de vida, carreiras e felicidade. Esta atividade busca projetar o jovem a imaginar e criar cenários não só para o seu futuro profissional, mas também para o pessoal, promovendo atitudes de organização, planejamento, olhar sistêmico e antecipação de futuros.

Artefatos:

- *Templates*: "Mapa o que eu quero para o mundo" e "Mapa o que eu quero para mim".
- Notas autoadesivas e canetinhas.

Trajeto da missão:

1 Inicie explicando o objetivo da atividade, fazendo os estudantes refletir sobre o que se deseja para o mundo em que se vive. Faça perguntas como "O que eu quero para o mundo?".

O que eu quero para o mundo são os sonhos, desejos e expectativas que pretendo construir. Convide os participantes para que, em grupos, utilizem o "Mapa o que eu quero para o mundo".

2 Individualmente, cada participante deverá escrever até três sonhos para cada uma das áreas:

- **S:** Social;
- **T:** Tecnológico;
- **E:** Econômico;
- **E:** *Environmental* (ambiental);
- **P:** Político.

A ideia é a de que os participantes explorem o que gostariam de ver acontecendo no mundo.

3 Depois, em grupos, os sonhos podem ser agrupados ou conectados com linhas ou flechas. Sonhos parecidos podem ser agrupados ou reescritos. Reforce com os estudantes que todos os sonhos são válidos: pequenos, grandes ou talvez meio absurdos para o momento (desde que não sejam desrespeitosos, agressivos etc.).

4 Conecte os sonhos com os Objetivos de Desenvolvimento Sustentável da ONU. Com os 17 ODS em mãos, os participantes devem anotar ou conectar os objetivos com os sonhos correspondentes dentro das áreas do mapa.

5 Este mesmo exercício pode ser praticado individualmente com a mesma reflexão, agora com o tema "O que eu quero para mim". A ideia é construir uma visão de vida, e para esta atividade deverá ser utilizado o "Mapa descobrindo nossos desejos futuros".

6 Na sequência, estimule os participantes a escrever uma frase sobre a sua visão de futuro e de vida. Essa frase deve ser breve e sucinta, respondendo o quê, onde e quando. Por exemplo:

- *Viver de forma harmônica, feliz e saudável, em Florianópolis entre 2030 e 2035.*
- *Ser bem-sucedido, estar em conexão com a natureza, com uma família que me ame, na Itália, em 2035.*
- *Ser um chef de cozinha renomado, em Paris, em 2037.*

7 Oriente os estudantes a descobrir **quem são**. Solicite que eles listem características da sua personalidade, estilo de vida, preocupações e preferências, hobbies, qualidades, habilidades e formações.

8 Solicite que descreva o que **fazem**, como vivem e que tipo de trabalho executam (ou pretendem executar), como se locomovem, se alimentam e se divertem. Nesta etapa eles também devem descrever com **quem** estão, quem são as pessoas que convivem com eles, quais preocupações têm em comum com elas, o que buscam e sonham e como se relacionam e se divertem.

MAPA DA MISSÃO

O QUE EU QUERO PARA O MUNDO?

Participantes: _____

1 Escreva até três sonhos em cada uma das áreas (S, T, E, E, P).
2 Faça conexões entre os sonhos escritos e os ODS.
3 Escreva uma frase sobre a sua visão de futuro e de vida.
4 Responda às perguntas.

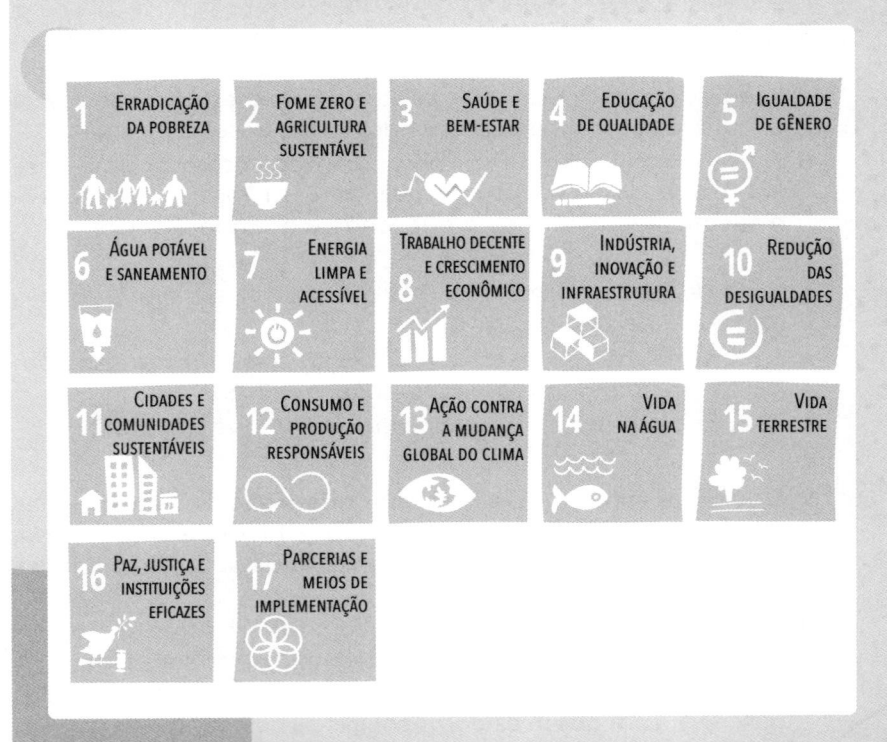

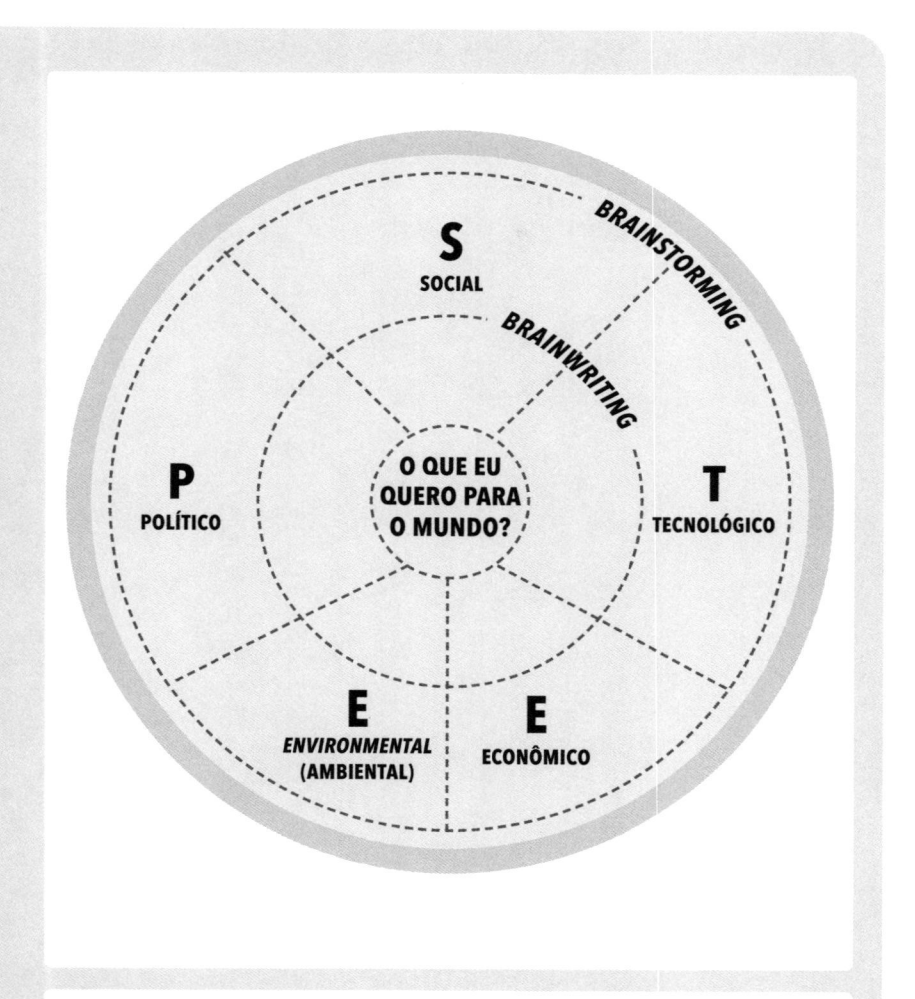

QUEM VOCÊ É?

O QUE VOCÊ FAZ?

Estratégia 22
Passaporte dos sonhos: superando conflitos

Tempo da missão: 2 horas.
Perfil dos tripulantes: Adolescentes, jovens e adultos.

Sistema de navegação:

Esta estratégia é inspirada na metodologia do *dragon dreaming*. Entendemos que os recursos para promoção do letramento de futuros são sistêmicos e hiperconectados com diferentes movimentos que colocam o ser humano e a vida no centro e que integram conceitos embasados na ética, na sustentabilidade, na ancestralidade e nos desejos sociais e pessoais.

O *dragon dreaming* é uma abordagem inspirada na sabedoria dos aborígenes da Austrália Ocidental, compilado no trabalho de Joanna Macy, na ecologia profunda e na teoria dos sistemas vivos mundiais. No cenário pouco positivo em que nos encontramos, a metodologia nos provoca a não esperar que as mudanças que causamos no planeta caiam sobre nós, mas que possamos agir, construir a capacidade de adaptação, nos preparando, antecipando cenários, reduzindo efeitos negativos e orientando caminhos.

O objetivo do *dragon dreaming* é libertar a inteligência coletiva, maximizando a criatividade. Fundamenta-se em três princípios:

263

- Crescimento pessoal: compromisso com a nossa própria cura e com o nosso empoderamento.
- Construção de comunidade: o reforço das comunidades das quais fazemos parte.
- Serviço à Terra: melhorando o bem-estar e a prosperidade de toda a vida.

Nesse sentido, essa filosofia de organização e materialização de projetos se conecta profundamente com a Pedagogia de Futuros. Assim como a metáfora de "dançar com os dragões" pressupõe reconhecer conflitos, medos, sair da zona de conforto e olhar para nós mesmos, também é trabalhar em conjunto, cocriar, colaborar e experimentar algo novo.

Para tanto, reconhece-se o padrão circular como elemento de conexão entre diferentes sistemas ecológicos, temporais e corporais integrados com diferentes quadrantes na nossa existência. Veja o exemplo:

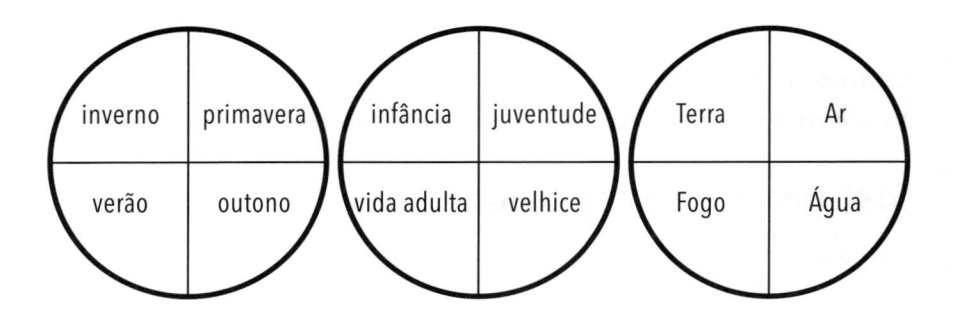

Propósito da missão:

Desenvolver projetos colaborativos reconhecendo as diferenças individuais dos participantes e trabalhando a gestão de conflitos.

Artefatos:

Mapa da missão, música introspectiva, canetas, post-its, um bastão ou pedra para cada grupo.

Trajeto da missão:

1 Conectando-se comigo e com o outro: antes de iniciar, há necessidade de estabelecer uma conexão pessoal e coletiva para que o andamento do projeto possa fluir de forma mais harmônica e colaborativa. A escuta empática e o olhar atento podem contribuir para o sucesso do projeto, desde que haja uma preparação pessoal e coletiva de abertura ao outro e à mudança.

Para a fase inicial de conexão, coloque uma música ambiente que favoreça a introspecção. Solicite que os participantes, individualmente, coloquem-se de forma confortável no ambiente, fechem os olhos, coloquem a mão suavemente sobre o peito, no coração, e respondam à seguinte pergunta: "Eu sonho com um futuro que...". Durante dois minutos, os participantes responderão mentalmente a essa pergunta. Na sequência, em duplas, a atividade será repetida, colocando a mão no coração do colega e, durante dois minutos, procurando mentalmente a resposta para a pergunta: "O sonho que ele(a) tem para o futuro é...".

A ideia é poder imaginar e mentalmente tentar responder de forma empática, intuitiva, aos desejos e anseios do colega. Nas duplas, os participantes podem compartilhar rapidamente os *feedbacks* das duas etapas (individual e em dupla), descrevendo sentimentos, expectativas e seus sonhos de futuros. É importante reforçar que as opiniões são acolhidas como manifestação e desejo de compreensão e conexão com o outro. Na sequência, partiremos para a construção em grupos.

2 Formando grupos de 4 a 6 participantes, entregue o mapa do passaporte dos sonhos. Juntos, eles percorrerão o trajeto para construir e realizar os sonhos futuros, passando pelas etapas de sonhar, planejar, realizar e celebrar.

3 Oriente os participantes a iniciar pela etapa de sonhar futuros. Eles devem começar colando notas autoadesivas com anotações sobre os sonhos que imaginam para o projeto que será desenvolvido (se é um projeto organizacional, governamental, educacional, ambiental ou mesmo um projeto especial a ser materializado). Nas notas, cada participante descreverá sua visão pessoal sobre o sonho.

Depois de colar, cada participante falará sobre o seu sonho. Durante a fala, ele deve estar segurando a pedra ou o bastão da palavra, que orienta os demais a ouvir com atenção. Quando finalizar, ele passa esse objeto para outro participante do grupo. Por fim, os participantes buscarão consolidar o sonho em uma ou duas notas autoadesivas, para que ele se torne coletivo.

4 Na fase do planejar futuros, os sonhos devem ser tangibilizados por meio de ideias e estratégias que permitam que ele se realize. É fundamental reunir e levantar a maior quantidade de ideias possível. Ferramentas de planejamento podem ser utilizadas, definindo-se cronogramas, linhas do tempo, orçamentos, mapeamento de fragilidades, potencialidades, obstáculos e pontos positivos. Também é importante definir tarefas e atribuí-las às pessoas; isso garantirá o foco e o objetivo do projeto.

5 A fase de realizar é a que envolve maior gasto energético. Nesta etapa, as tarefas precisam estar claras e atribuídas. Também é importante listar as formas de mensuração de sucesso do projeto. Quais evidências indicam que o projeto foi bem-sucedido e que os objetivos foram alcançados? As metas estabelecidas garantirão que o sonho coletivo se materialize? Quem são as partes interessadas? Como esta fase mudará nossa visão de futuros?

6 Nesta fase, descreve-se como serão celebrados os resultados do projeto. Evidenciam-se os resultados positivos, quais foram as transformações geradas. Mais do que promover um evento de comemoração, a ideia é reconhecer e agradecer os aprendizados e a experiência. Como podemos gerar feedbacks positivos? Como criar ambientes seguros e de conexão profunda entre as pessoas? Como incentivar o compromisso coletivo? Quais novas competências foram adquiridas? Que experiências e aprendizados foram gerados?

7 Finalize com a apresentação do mapa a todos os participantes.

MAPA DA MISSÃO

PASSAPORTE DOS SONHOS: SUPERANDO CONFLITOS

Participantes:

_____

1 Inicie pela etapa de sonhar futuros, indicando os sonhos para o projeto.
2 Tangibilize os sonhos por meio de estratégias e ideias para colocar em prática.
3 Defina as tarefas e a maneira como as metas serão mensuradas.
4 Descreva como o resultado será celebrado.

Pessoas que podem inspirar:

Ideias que complementamos:

O que pode dar errado:

Nosso principal objetivo é:

Sonhar futuros

Planejar futuros

Realizar futuros

Celebrar futuros

O sucesso será medido por:

Implementação e gestão:

O que vamos agradecer:

A quem vamos agradecer:

Estratégia 23

Previsão e antecipação com a pré-morte[2]

Tempo da missão: 1 a 2 horas.

Perfil dos tripulantes: Anos Finais do Ensino Fundamental (11 a 14 anos), Ensino Médio (15 a 17 anos), educação superior e ambiente corporativo.

Sistema de navegação:

A estratégia pedagógica **Previsão e antecipação com a pré--morte** é uma abordagem que visa ajudar os estudantes a prever e antecipar problemas em um projeto antes que eles ocorram. Em muitos casos, ao tomar a decisão sobre as ações de projeto, uma demanda ou qualquer atividade que gera impacto acontece após os problemas terem surgido, resultando em falhas graves ou desvios do plano original.

Nesse sentido, a estratégia **Previsão e antecipação com a pré-morte** propõe uma reflexão antecipada e direcionada para evitar esses impasses, tornando-se uma ferramenta valiosa para o planejamento e a gestão de riscos por meio da previsão e antecipação de problemas.

---

2 Estratégia adaptada de Gray, Brown e Macanufo (2010).

Propósito da missão:

Desenvolver a habilidade dos estudantes de prever e antecipar problemas em um projeto, promovendo a reflexão crítica, o planejamento estratégico e a gestão de riscos.

Artefatos:

Quadro ou *flip chart*, marcadores, papel e canetas para os estudantes.

Trajeto da missão:

1 Apresente o conceito da estratégia **Previsão e antecipação com a pré-morte aos estudantes**, explicando que se trata de uma abordagem que ensina a antecipar problemas em um projeto antes que eles ocorram. Explique a importância de identificar e mitigar riscos antes que eles se tornem falhas graves ou desvios do plano original.

2 Peça aos estudantes que compartilhem experiências anteriores em projetos ou situações em que problemas surgiram após a tomada de decisão. Incentive-os a expressar suas intuições sobre quais problemas poderiam ter sido antecipados e evitados com uma abordagem prévia.

3 Com a apresentação e a problematização, inicia-se a etapa da visualização do "desastre", ou seja, da morte de um projeto. Nesta fase, é importante dividir a turma em pequenos grupos.

4 Oriente os estudantes a imaginar um cenário em que o projeto tenha dado terrivelmente errado ou saído do trilho. Eles devem discutir e identificar as possíveis causas ou suposições ruins que levaram a esse resultado negativo.

5 Na sequência, peça que compartilhem as causas identificadas para o "desastre" e registre-as no quadro, *flip chart* ou "mapa do desastre".

6 Com as ideias e causas identificadas, os grupos devem ser estimulados a formular estratégias preventivas para evitar que os problemas ocorram. Eles devem considerar diferentes abordagens, soluções alternativas e ações corretivas antecipadas.

7 Ao término, cada grupo deve apresentar os resultados das suas estratégias preventivas para a turma. Após cada apresentação, promova uma discussão em que os estudantes possam fazer perguntas, compartilhar ideias e fornecer feedback construtivo.

8 Para consolidação e fechamento, promova uma breve reflexão coletiva sobre a importância de antecipar problemas e adotar uma abordagem prévia. Estimule os estudantes a aplicar a estratégia Previsão e antecipação com a pré-morte em projetos futuros e em outras áreas de suas vidas.

Durante todo o processo, é fundamental que o professor esteja disponível para orientar os estudantes, estimulando a participação ativa, o trabalho em equipe e a reflexão crítica. Além disso, pode ser interessante realizar uma atividade de acompanhamento para avaliar a aplicação prática das estratégias preventivas propostas pelos estudantes em seus projetos reais.

MAPA DA MISSÃO

MAPA DO DESASTRE

Participantes:

1 Descreva o projeto atual.
2 Elenque as principais ameaças que podem comprometer o sucesso do projeto, refletindo sobre sua causa.
3 Identifique possíveis estratégias de prevenção.

NOME DOS PARTICIPANTES:

DESCRIÇÃO DO PROJETO:

AMEAÇA 1:

PREVENÇÃO 1:

PREVENÇÃO 2:

CAUSAS:

PREVENÇÃO 3:

AMEAÇA 2:

PREVENÇÃO 1:

PREVENÇÃO 2:

CAUSAS:

PREVENÇÃO 3:

AMEAÇA 3:

PREVENÇÃO 1:

PREVENÇÃO 2:

CAUSAS:

PREVENÇÃO 3:

Estratégia 24
Protagonistas do futuro

Tempo da missão: 10 a 20 minutos por persona.

Perfil dos tripulantes: Ensino Médio (15 a 17 anos), educação superior, formação docente e ambiente corporativo.

Sistema de navegação:

A estratégia **Protagonistas do futuro** envolve a criação de no mínimo três personas para habitar um mundo futuro imaginário. Essas personas são desenvolvidas com base em um marco temporal definido, permitindo a exploração de diferentes pessoas com características diversas e variadas para povoar esse futuro, inclusive considerando a presença de outros seres vivos.

Ao criar essas personas, busca-se desenvolver personagens fictícios que sejam representativos de uma sociedade diversificada e plural. Isso envolve considerar diferentes faixas etárias, gêneros, ocupações, origens étnicas, valores e outras características relevantes.

Além disso, a estratégia incentiva a inclusão de outros seres vivos nesse mundo futuro. Isso pode contemplar a presença de animais, plantas ou até mesmo de formas de vida não humanas, dependendo do contexto e da natureza desse futuro imaginado.

Essas personas podem ser usadas como recursos para explorar as possíveis interações, desafios, aspirações e conflitos que podem surgir nesse cenário futuro. Elas ajudam a visualizar como essas diferentes pessoas poderiam se cruzar em suas trajetórias, representando diferentes perspectivas e interesses.

Propósito da missão:

Promover o pensamento empático com pessoas que apresentem características diferentes das próprias, criando uma narrativa rica e realista para um mundo futuro imaginado com o intuito de explorar experiências, perspectivas, desafios e aspirações dessas diferentes pessoas. Essa prática contribui para uma compreensão mais profunda e inclusiva do futuro que está projetando.

Artefatos:

Papel, caneta, lápis colorido, *template* "Construção da persona".

Trajeto da missão:

1 Inicie a atividade desafiando os estudantes a imaginar como será o futuro em um marco temporal estabelecido, por exemplo, 10, 50, 100 ou mil anos.

2 Solicite que os estudantes, individualmente ou em grupo, imaginem três personagens fictícios (personas) que habitam um mundo futuro imaginário.

3 Oriente-os para que o processo de criação de personas contemple a diversidade e a pluralidade da sociedade, permitindo explorar as interações e os desafios desse cenário futuro, incluindo também a presença de outros seres vivos, caso considere interessante para esta atividade.

4 A fim de tornar a atividade atraente, siga os passos indicados no mapa "Protagonistas do futuro" e inicie inserindo informações pessoais e demográficas para os três personagens, como idade, etnia etc.

5 Na segunda etapa, os participantes descreverão seus estilos de vida e trabalharão no enriquecimento das personas, adicionando detalhes sobre suas vidas, por exemplo, onde vivem,

qual é a sua relação com a vida profissional e quais são os seus hábitos e interesses.

6 Na terceira etapa, os participantes descreverão o propósito e os desafios das personas, por exemplo:a o que está em jogo para as pessoas no futuro e o que há para elas ganharem ou perderem? Quais são seus medos e esperanças?

7 Na quarta e última etapa, "Cruzamento de caminhos e associações", solicite que os estudantes registrem os papéis que desempenham. Pergunte, por exemplo: quais são os objetivos de cada persona? Como seus caminhos se cruzariam? O que elas representam uma para a outra? Por que elas acabariam se associando ou entrando em conflito uma com a outra?

8 Peça que os estudantes ilustrem, desenhem ou façam colagens e apresentem para todos os seus protagonistas do futuro.

9 Para o fechamento da atividade, busque enfatizar, por meio das narrativas apresentadas, que as personas representam um futuro em que a tecnologia, a sustentabilidade e a diversidade cultural são valores fundamentais. Esclareça que suas jornadas mostram que, mesmo em um mundo transformado, a colaboração e a compreensão mútua são essenciais para enfrentar os desafios e construir um futuro melhor.

Olha só!

Em contextos corporativos, esta estratégia pode ser utilizada para o desenvolvimento de novas personas com o intuito de gerar ideias e reflexões para a criação ou atualização de produtos ou serviços. Por exemplo, no contexto corporativo educacional, você pode propor a criação da persona "estudantes da educação superior de 2040".

Na sequência, especulam-se cenários institucionais, modelos pedagógicos e recursos que possam atender aos perfis das personas criadas pelo grupo. Inspire-se com o exemplo acessando os materiais complementares.

MAPA DA MISSÃO

PROTAGONISTAS DO FUTURO

Participantes:

_____

1 Escolha um marco temporal para as personas e descreva suas principais características.

2 Adicione detalhes sobre suas vidas, como: onde vivem, o que fazem, qual é a sua relação com a vida profissional e quais são os seus hábitos, hobbies e interesses.

3 Descreva os principais desafios e problemas enfrentados pelas personas.

4 Conecte as personas entre si, demonstrando como interagem e se afetam.

PROTAGONISTAS DO FUTURO		
PERSONA 1	PERSONA 2	PERSONA 3
Como é o protagonista?	Como é o protagonista?	Como é o protagonista?
Como é o seu estilo de vida?	Como é o seu estilo de vida?	Como é o seu estilo de vida?
Qual é o propósito e quais são os desafios do futuro?	Qual é o propósito e quais são os desafios do futuro?	Qual é o propósito e quais são os desafios do futuro?
Cruzamento de caminhos e associações: como essas pessoas podem estar interligadas?		

Estratégia 25

Reflexões sobre passado e futuro

Tempo da missão: 30 a 50 minutos.

Perfil dos tripulantes: Ensino Médio (15 a 17 anos), educação superior, formação docente e ambiente corporativo.

Sistema de navegação:

Esta estratégia propõe criar conexões entre o passado e o futuro, para que os estudantes possam ser incentivados a desenvolver habilidades de pensamento crítico com base em obras de arte.

A ideia é criar condições de análise e avaliação de diferentes perspectivas históricas, considerar o contexto em que certos eventos ocorreram e refletir sobre as implicações futuras das ações praticadas no passado.

Além disso, a estratégia **Reflexões sobre passado e futuro** possibilita a antecipação e a preparação para o futuro. Ao se conectar com esses temas, os estudantes são encorajados a considerar os desafios e oportunidades que podem surgir, o que lhes permite desenvolver habilidades de antecipação, criatividade e planejamento estratégico.

Quando entendem as tendências, tecnologias emergentes e questões futuras, os estudantes podem se preparar melhor para enfrentar os desafios e contribuir para a criação de futuros desejáveis.

Propósito da missão:

Refletir e explorar as conexões com os temas do passado e do futuro representados na obra.

Artefatos:

- Imagem digital da obra The Great Flood, de Joseph Desirée-Court (1826).
- Quadro branco ou tela para projeção da imagem, lápis ou caneta, papel em branco para os alunos.

Trajeto da missão:

1 Inicie com a apresentação da obra de arte *The Great Flood*, de Joseph Desirée-Court, projetando a imagem, mostrando-a em um livro ou na tela. Comece a atividade problematizando com algumas perguntas para despertar o interesse dos alunos, tais como:

- *O que vocês acham que essa obra representa?*
- *Qual é a história por trás dessa obra?*
- *Vocês conseguem identificar elementos do passado e do futuro na imagem?*

Explique brevemente o contexto histórico em que a obra foi criada, mencionando o ano (1826) e possíveis eventos históricos relevantes da época.

2 Divida a turma em pequenos grupos ou pares. Distribua cópias impressas da imagem ou permita que os alunos a visualizem em seus dispositivos eletrônicos. Peça que observem atentamente a obra e discutam entre si os elementos que podem representar o passado e o futuro. Oriente-os a discutir o assunto, pedindo que cada grupo compartilhe suas observações e interpretações.

3 Conduza uma discussão sobre as ideias apresentadas pelos alunos e refaça perguntas para incentivar o pensamento crítico, como:

- *Como a obra retrata o passado?*
- *Quais são os sinais ou pistas que nos levam a pensar no futuro?*
- *Qual é a mensagem que o artista está tentando transmitir sobre a relação entre passado e futuro?*

Nesta etapa, é fundamental encorajar os alunos a apresentar perspectivas diferentes e a debater uns com os outros. Incentive-os a usar exemplos da própria história e da atualidade para embasar suas opiniões.

4 Na sequência, explique a perspectiva do autor, que mostra que o homem tenta salvar seu pai enquanto ignora a esposa e o filho, que estão mais ao seu alcance. No entanto, com base na interpretação dos historiadores da arte sobre essa obra, cada elemento da pintura representa um aspecto da existência humana:

- *O pai representa o passado.*
- *A mãe representa a vida.*
- *O filho representa o futuro.*

A pintura nos mostra um homem agarrado ao seu passado, a quem é incapaz de dizer adeus. Enquanto isso, ele ignora (e desperdiça) sua vida e seu futuro.

Nesta etapa, traga novas questões reflexivas, tais como:

- *Existe algum aspecto que mostra que estamos ligados ao passado no qual estamos agarrados? (reveja o capítulo 2, em que falamos sobre a psicologia do tempo) (dogmas, paradigmas, preconceitos, sentimentos).*
- *Será que essas emoções nos impedem de viver e construir futuros?*
- *Será que esse passado não merece seu adeus para que possamos, a partir de agora, iniciar uma construção consciente sobre o futuro?*

Você só será capaz de construir uma nova versão de si mesmo quando aprender a se despedir de uma versão que já não faz sentido.

5 Peça aos participantes que escrevam um parágrafo ou um ensaio curto refletindo sobre a relação entre passado e futuro com base na obra *The Great Flood*, de Joseph Desirée-Court. Incentive-os a expressar suas ideias e emoções e a usar exemplos da obra ou eventos históricos para apoiar suas reflexões.

6 Para fechamento e consolidação do processo, convide alguns participantes a compartilhar suas redações ou pensamentos com a turma. Faça no quadro um breve resumo dos principais pontos discutidos durante a aula, trazendo os assuntos principais. Finalize reforçando a importância de refletir sobre o passado e de considerar suas influências na construção do futuro.

MAPA DA MISSÃO

REFLEXÕES SOBRE PASSADO E FUTURO

Participantes:

_____

1 Após observar a arte, descreva o que a imagem está representando.
2 Imagine a história por trás dela e descreva-a.
3 Reflita sobre os tempos representados na imagem, indicando a mensagem do artista.

The Great Flood – Joseph Desirée-Court.

NOMES DOS PARTICIPANTES:

PARTE 1

O QUE ESTA OBRA ESTÁ REPRESENTANDO?

QUAL É A HISTÓRIA POR TRÁS DA OBRA?

O QUE NA IMAGEM REPRESENTA PASSADO, PRESENTE E FUTURO?

PARTE 2

COMO A OBRA RETRATA O PASSADO?

QUE SINAIS OU PISTAS NOS LEVAM A PENSAR NO FUTURO?

QUAL A MENSAGEM DO ARTISTA SOBRE A RELAÇÃO ENTRE PASSADO E FUTURO?

Estratégia 26

Sensemaking

Tempo da missão: 40 a 50 minutos.

Perfil dos tripulantes: Adolescentes, jovens e contextos corporativos.

Sistema de navegação:

Sensemaking é um termo que trata do modo como estruturamos o desconhecido e podemos agir diante dele. Trata-se do processo em que as pessoas dão sentido às experiências coletivas, pelo qual o humano cria sentido na sua vida e toma decisões, ou seja, uma forma de organizar informações, interpretar e dar sentido a tudo.

Esse conceito pode ser incorporado como estratégia para os estudos de futuros, já que, no nosso cotidiano, mais do que seguir um plano, precisamos desenvolver habilidades para nos adaptarmos rapidamente a diferentes cenários. Ter visão estratégica hoje em dia não é seguir um plano, mas ter flexibilidade de adaptação. Ser um bom *sensemaker* é ser capaz de fazer a leitura do contexto, criar conexões sobre os dados e tomar decisões mais assertivas. Trata-se de criar um espaço de escuta, permitindo que diferentes reflexões e pontos de vista sejam compartilhados.

Dentro do conceito de *sensemaking*, a ideia é que consigamos analisar dados para tomar decisões. Em uma era em que a informação e os dados do mundo crescem exponencialmente, como podemos nos apoiar nesse conceito para melhor desenvolver essa habilidade e conectá-la com as decisões futuras?

Para compreender melhor o conceito, assista a este vídeo de Denise Eler sobre a prática de extrair sentidos dos dados e sobre os modos como podemos construir visões de futuros consistentes:

http://tinyurl.com/4vybvduf.

Esta estratégia conecta os sinais, dados e habilidades de ser um *sensemaking*, organizando uma visão que traz a ideia de criar um mapa mental de todas as áreas que compõem uma organização ou área do conhecimento. É possível descrever uma definição do que compõe cada área e, na sequência, uma narrativa do que compõe cada um dos sistemas ou etapas.

Dentro da teoria de Cameron Herold (2018), o objetivo é que empresários consigam descrever seus negócios e áreas em um período de três anos de maneira muito vívida. Aqui, vamos pensar em um problema que gostaríamos de resolver, uma área do conhecimento que gostaríamos de aprofundar ou um tema transversal para explorar.

Propósito da missão:

Organizar informações, sinais, cenários e favorecer a compreensão de contextos e a criação de cenários futuros.

Artefatos:

Mapa, notas autoadesivas e fontes de pesquisa.

Trajeto da missão:

1 Defina o contexto de atuação e a temática que será abordada. Promova uma pesquisa sobre o tema em relatórios, notícias e dados de organizações reconhecidas. A ideia é conectar os participantes com os dados para embasar a atividade.

2 Oriente os participantes a pensar sobre a visão de futuro com o comando: "Imagine que você entrou em uma máquina do tempo que avançou 3 anos. O que você vê ou descreve sobre o que está percebendo?". É importante conectar um foco ou tema central.

Para facilitar, siga o *checklist* de perguntas proposto por Cameron Herold (2018) presente no mapa *Sensemaking*.

3 Finalizado o preenchimento da primeira etapa, siga para o aprofundamento da visão. No centro do mapa, os participantes precisam indicar o cenário a ser explorado nos próximos 3 anos. Na sequência, esse cenário deverá ser aprofundado, com descrição de detalhes e aprofundamento.

4 Ao finalizar, estimule a apresentação entre os colegas.

MAPA DA MISSÃO
SENSEMAKING

Participantes:

_____

1 Defina o contexto e a temática a ser abordada.

2 Imagine esse cenário avançando 3 anos e responda às perguntas:

- O que você vê?
- O que você ouve?
- O que as pessoas estão dizendo?
- O que a mídia está escrevendo sobre isso?
- O que seus colegas dizem?
- Como está seu dia a dia?
- O que você está focado em resolver?
- A quais dados você tem acesso e o que eles mostram?
- Como você se sente olhando para o passado?

3 Aprofunde o cenário indicando detalhes e aprofundamentos.

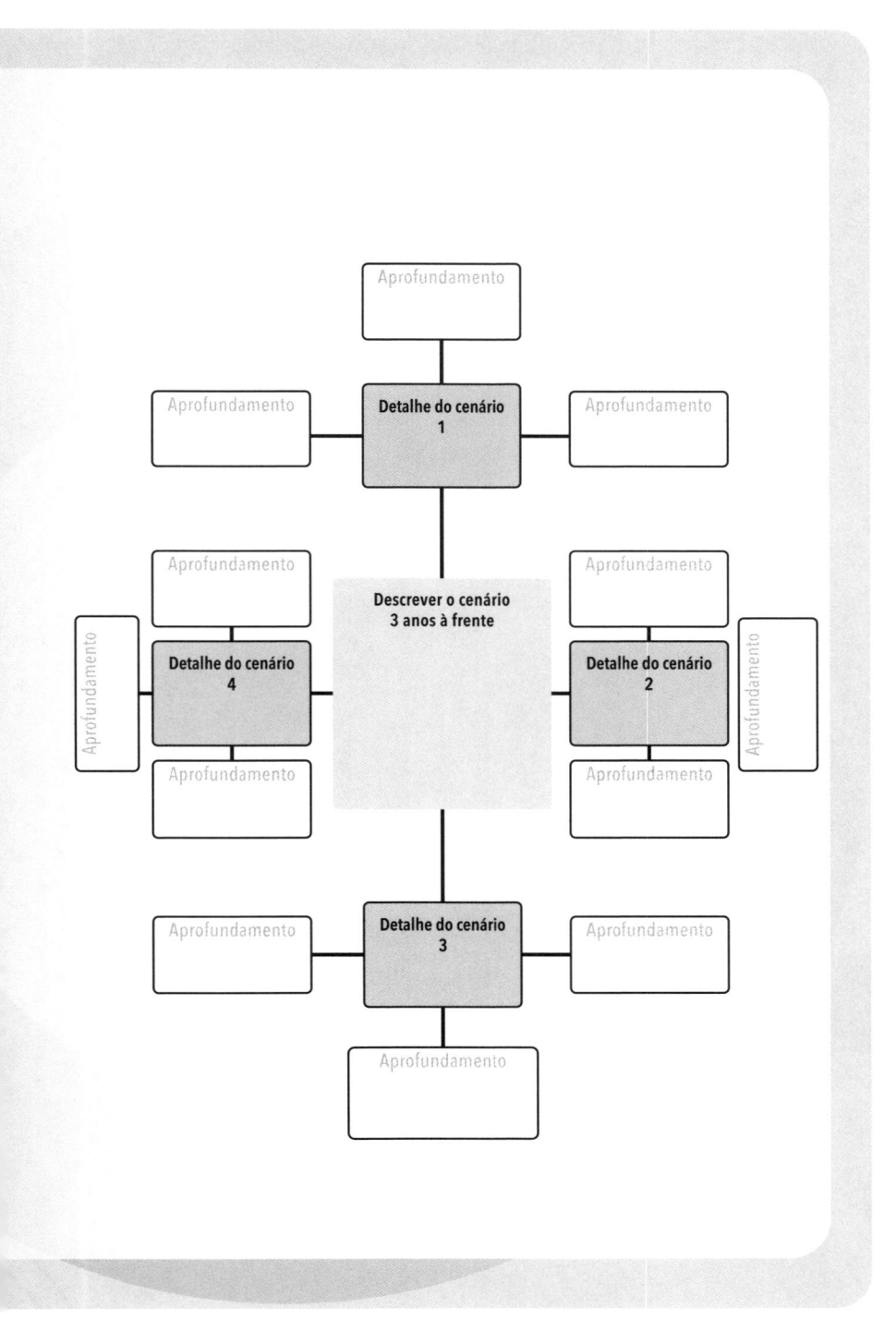

Estratégia 27

Sinais fracos e sinais fortes

Tempo da missão: 1 hora.

Perfil dos tripulantes: Educação superior, ambiente corporativo e formação docente.

Sistema de navegação:

Os estudos sobre o futuro indicam que ele é visto como algo em constante construção, resultante do que está ocorrendo no presente e moldado pelo conhecimento, pensamentos, criatividade e emoções das pessoas. Essa capacidade humana de antecipar está relacionada à percepção de sinais futuros que já estão presentes hoje e que fazem sentido com eventos passados. Portanto, estudar o futuro envolve investigar, explorar, interpretar e antecipar as possibilidades que surgem a partir dos sinais fracos e fortes encontrados no ambiente

Os sinais fortes são tendências óbvias e amplamente reconhecidas, que podem ser facilmente identificadas e que têm um alto grau de certeza em relação ao futuro. São mudanças significativas que são comentadas e analisadas por muitas pessoas, e já estão sendo adotadas estratégias para lidar com elas. Podemos pensar nos sinais fortes como grandes placas de sinalização que apontam claramente para o que está por vir.

Por outro lado, os sinais fracos são mais sutis e difíceis de perceber. São pequenas pistas ou fragmentos de informações que podem passar despercebidos pela maioria das pessoas, pequenos indícios que podem indicar algo importante, mas que exigem uma análise mais cuidadosa para entender seu significado. Os sinais fracos são como pequenas setas que apontam possíveis caminhos futuros, mas que precisam ser interpretadas e analisadas com mais atenção.

Enquanto os sinais fortes são mais evidentes e nos dão respostas mais claras sobre o futuro, os sinais fracos nos levam a fazer perguntas e a explorar possibilidades. Eles podem indicar tendências emergentes, novas oportunidades ou até mesmo possíveis ameaças. Por isso, é importante ficar atento a esses sinais e analisá-los cuidadosamente para identificar novas direções e tomar decisões mais informadas.

Na prática, os sinais fortes são como grandes placas de sinalização que nos apontam diretamente para o futuro, enquanto os sinais fracos são como pequenas pistas que precisam ser investigadas e interpretadas. Ambos são importantes para entendermos e nos prepararmos para as mudanças que estão por vir.

Propósito da missão:

Explorar os conceitos de sinais fracos e sinais fortes, para capacitar os estudantes a identificar e analisar os sinais como ferramentas para antecipar possíveis cenários futuros e tomar decisões assertivas e conscientes.

Artefatos:

Quadro branco ou lousa, marcadores ou giz, papel e canetas.

Trajeto da missão:

1 Apresente o tema da aula: "Sinais fracos e sinais fortes". Inicie uma discussão em sala de aula sobre a importância de prever o futuro e a necessidade de estar preparado para adversidades.

2 Explique o conceito de sinais fracos como indícios sutis e pouco perceptíveis de mudanças ou tendências futuras. Apresente exemplos de sinais fracos em diferentes áreas, como tecnologia, meio ambiente, economia, sociedade, entre outros.

Incentive os alunos a compartilhar exemplos de sinais fracos que já tenham observado ou de que estejam cientes.

3 Explique o conceito de sinais fortes como tendências evidentes, amplamente conhecidas e discutidas na sociedade. Apresente exemplos de sinais fortes que são atualmente relevantes, como avanços tecnológicos, movimentos sociais, mudanças demográficas, entre outros. Peça aos alunos que identifiquem exemplos de sinais fortes que considerem relevantes para o contexto atual.

4 Para identificação e análise de sinais fortes e fracos, selecione o escopo de observação (tecnologia, clima etc.), divida a turma em grupos de 3 a 4 alunos, distribua papel e canetas para cada grupo e peça que discutam e identifiquem sinais fracos e sinais fortes em diferentes áreas de interesse, como educação, trabalho, tecnologia, meio ambiente, saúde, entre outros. Instrua os grupos a analisar a importância e o impacto potencial desses sinais no futuro.

5 Ao terminarem a identificação dos sinais fracos e fortes do tema elencado, oriente a apresentação e a discussão dos sinais identificados pedindo que cada grupo compartilhe os sinais fracos e fortes que apontaram. Incentive a discussão em sala de aula, questionando a relevância desses sinais e como eles podem influenciar o futuro. Estimule os alunos a refletir sobre como esses sinais podem ser úteis para antecipar tendências e tomar decisões informadas.

6 Para fechamento e consolidação, faça um breve resumo dos conceitos discutidos durante a aula e incentive os alunos a continuar atentos aos sinais fracos e aos sinais fortes em seu cotidiano. Destaque a importância de estar preparado para as mudanças e desafios que o futuro pode trazer.

7 Encerre a aula agradecendo a participação dos alunos e reforçando a relevância de identificar e analisar os sinais fracos e os sinais fortes como uma habilidade essencial para o letramento de futuros.

MAPA DA MISSÃO

SINAIS FRACOS E SINAIS FORTES

Participantes:

1 Selecione um tema a ser pesquisado.
2 Faça uma pesquisa sobre o tema, separando os conteúdos encontrados em sinais fortes e fracos.
3 Indique as fontes de inspiração e os links pesquisados.

TECNOLOGIAS EMERGENTES
(Escopo de observação)

SINAIS FORTES	SINAIS FRACOS
1. Aumento significativo de investimentos em empresas de inteligência artificial por parte de grandes empresas e fundos de investimento. 2. Lançamento de produtos comerciais baseados em tecnologias emergentes, como robôs autônomos para uso doméstico.	1. Pequenos eventos ou competições específicas em universidades ou incubadoras de startups que focam em tecnologias emergentes, como *hackathons* de *blockchain*. 2. Aparição de startups que exploram novas aplicações para tecnologias emergentes de drones para entrega de medicamentos em áreas remotas.

FONTES DE INSPIRAÇÃO
(Indicar as fontes e links investigados)

Estratégia 28

Trend cards ODS

Tempo da missão: 30 a 50 minutos.

Perfil dos tripulantes: Anos Finais do Ensino Fundamental (11 a 14 anos), Ensino Médio (15 a 17 anos), educação superior.

Sistema de navegação:

A estratégia dos ***trend cards* dos Objetivos de Desenvolvimento Sustentável (ODS)** da ONU é uma abordagem relevante e eficaz para desenvolver a consciência sobre as questões globais: os ODS são uma agenda global que visa abordar os desafios sociais, econômicos e ambientais mais urgentes do nosso tempo. Ao trabalhar com os *trend cards*, os estudantes podem se conscientizar sobre essas questões e compreender como elas afetam as diferentes áreas da sociedade.

Além disso, essa estratégia auxilia na tomada de decisões informadas, pois, ao acompanhar as tendências relacionadas aos ODS, os indivíduos podem obter insights valiosos sobre o que está acontecendo no presente e o que é provável que ocorra no futuro. Essas informações embasadas ajudam na tomada de decisões informadas em diferentes setores, seja na área de negócios, na política, na educação ou no âmbito pessoal.

O uso dos *trend cards* dos ODS na sala de aula é relevante, pois promove o engajamento ativo, a compreensão prática, a criatividade, a tomada de decisões informadas e o alinhamento com os objetivos globais. Essa abordagem permite que as pessoas se tornem conscientes, informadas e ativas na busca por um futuro mais sustentável e justo.

Propósito da missão:

Familiarizar os estudantes com as metas dos ODS da ONU, por meio da análise de tendências relacionadas a esses objetivos, estimulando a criatividade na criação de *trend cards* que representam as tendências identificadas.

Artefatos:

- Papel colorido ou cartolina.
- Canetas, lápis de cor ou giz de cera.
- Tesouras.
- Cola.
- Recursos online para pesquisa sobre as ODS e tendências relacionadas

Trajeto da missão:

1 Apresente os 17 ODS da ONU e explique brevemente cada um deles, destacando seus objetivos e sua importância para um desenvolvimento sustentável. Discuta com os estudantes sobre a importância de monitorar tendências relacionadas aos ODS para alcançar esses objetivos.

2 Divida os estudantes em grupos pequenos e atribua a cada grupo um ou dois ODS para pesquisar. Incentive-os a pesquisar tendências e desenvolvimentos recentes relacionados a esses Ods, utilizando recursos online, artigos acadêmicos, relatórios e estudos relevantes.

3 Após a pesquisa, peça aos grupos que identifiquem as tendências mais relevantes e significativas relacionadas aos ODS estudados. Os estudantes devem analisar e discutir as tendências emergentes, mudanças de comportamento, inovações e desafios que afetam cada ODS.

4 Forneça papel colorido ou cartolina para cada grupo e materiais de desenho, como canetas, lápis de cor ou giz de cera. Instrua os estudantes a criar *trend cards* visualmente atraentes que representem as tendências identificadas. Os cartões devem incluir uma ilustração que simbolize a tendência e uma breve descrição explicando a conexão com os ODS correspondentes.

5 Crie um momento de apresentação, em que cada grupo compartilhará seus *trend cards* com a turma. Os estudantes devem explicar a tendência representada em seu cartão, sua conexão com os ODS e por que a consideram relevante.

6 Após todas as apresentações, promova uma discussão coletiva sobre as tendências identificadas. Incentive os estudantes a refletir sobre como essas tendências podem impactar positivamente ou negativamente o alcance dos objetivos das ODS e quais ações podem ser adotadas.

7 Encerre a aula pedindo aos estudantes que façam uma breve reflexão por escrito sobre o processo de criação dos *trend cards* e o que aprenderam sobre as tendências relacionadas aos ODS.

8 Ao seguir essa estratégia, os estudantes da educação superior terão a oportunidade de se envolver ativamente com as ODS, analisar tendências relevantes e expressar suas descobertas de forma criativa por meio dos *trend cards*. Essa abordagem lhes permitirá desenvolver habilidades de pesquisa, pensamento crítico e consciência sobre questões globais, capacitando-os a tomar decisões informadas e a contribuir para um futuro mais sustentável.

MAPA DA MISSÃO

TREND CARDS ODS

Participantes:

1 Selecione os ODS.
2 Identifique tendências relacionadas aos seus ODS.
3 Crie um *trend card* considerando que seja visualmente atraente, que represente simbolicamente a tendência e que explique a conexão com os ODS..

TREND CARD:

BENEFÍCIOS E AVANÇOS

IMPACTO NOS ODS

Estratégia 29
Visão de futuros

Tempo da missão: 1h30.

Perfil dos tripulantes: Jovens e colaboradores de ambientes corporativos.

Sistema de navegação:

Adquirir a capacidade de imaginar futuros muda a nossa trajetória, a da nossa organização ou até mesmo a da humanidade. Essa capacidade sempre esteve presente em nós, apesar de que prever o futuro não significa colocarmos em evidência uma capacidade premonitória de 100% de acertos, mas de anteciparmos situações, cenários e preocupações.

A capacidade de antever comportamentos e cenários futuros pode permitir a sobrevivência de uma empresa, bem como, por outro lado, sua inabilidade, sua extinção. São conhecidas as histórias das gigantes da tecnologia que não tiveram uma "visão de futuro" que lhes permitisse prosperar. Marcas como Nokia, Motorola, Atari, Sega, Kodak e Blockbuster são alguns exemplos.

É possível nos conectarmos com sinais, ainda que fracos, sobre tendências de futuros e passarmos a explorar melhor seus cenários. Nossa visão sobre o futuro ou sobre a empresa trata de olhar para os nossos desejos e para a maneira como podemos alcançá-los. Isso se torna mais poderoso quando envolvemos outras pessoas. Mais do que anotar em um pedaço de papel as mudanças positivas que queremos desenvolver em uma organização, trata-se de estipular acordos compartilhados e uma missão de etapas e lutas a serem vencidas junto com outras pessoas.

Pensar em visões de futuro para um determinado tema ou assunto de maneira cocriada e colaborativa pode ser extremamente otimista e esperançoso. Com o "mapa da visão de futuros", é possível pensar sobre o futuro da escola, do bairro, das tecnologias, do meio ambiente e de uma empresa de maneira compartilhada. O "mapa da visão de futuros" foi inspirado na ferramenta Five Bolds Steps Vision e canvas da visão do DDF (design de futuros).

Propósito da missão:

O objetivo da visão é criar uma imagem para o futuro, para onde queremos ir. Já o objetivo desta atividade é conectar os participantes com uma ideia possível de futuro compartilhado e coletivo. Esse futuro pode estar relacionado ao desejo de uma comunidade ou de uma organização. De maneira colaborativa e cocriada, os participantes se engajam em um projeto de futuro comum.

Artefatos:

Para esta atividade, sugere-se utilizar o "mapa da visão de futuros", que poderá ser impresso pelo professor ou então confeccionado pelos próprios participantes em uma cartolina ou mesmo na lousa. Podem ser utilizados papéis, canetas e post-its.

Trajeto da missão:

1 Inicie a atividade orientando os estudantes a se dividir em grupos pequenos. Cada participante, individualmente, deverá escrever um parágrafo sobre qual a visão de futuro desejável que gostaria de alcançar.

Assim que os participantes finalizarem sua visão, ela deve ser compartilhada com o grupo, e então a turma poderá seguir para a segunda etapa.

2 Dependendo da temática abordada pelo professor, podem surgir diferentes visões. Veja alguns exemplos: imagine que o tema seja o futuro da escola; uma visão seria: "Tornar a escola mais inclusiva, inovadora e sustentável" ou então "Fazer da escola um lugar divertido e tecnológico".

3 O próximo passo é conectar as visões dos participantes em uma única visão. Durante a apresentação, os participantes já podem começar a identificar elementos comuns para gerar uma visão convergente, que todos desejem construir. O tempo para apresentação e geração da narrativa dependerá da habilidade do grupo e do professor para a consolidação desta visão junto ao grupo.

4 Após selecionar a visão, os participantes devem explorar as etapas necessárias para alcançá-las, evidenciando as fortalezas e desafios que encontrarão pela frente. A visão deverá servir de inspiração, articulando os sonhos para sua realização de maneira coletiva. Para esta etapa, os participantes preenchem o "mapa da visão de futuros": iniciam centralizando a **visão** consolidada no grupo ao centro do mapa.

Na sequência, os estudantes elegem quais são os **apoios** que permitem alcançar essa visão, que podem ser aspectos internos ou externos da organização, por exemplo. Em seguida, listam os **desafios** que impedem de alcançar o futuro e a visão desejada. Na sequência, os **resultados**, isto é, o que a visão trará para os envolvidos.

Quando consolidada e em operação, a atividade apresentará quais benefícios serão trazidos para as pessoas, e indicará os **diferenciais** da visão; por que ela merece se tornar real; como ela mudará o mundo.

Por fim, os estudantes listarão cinco passos ou etapas a serem seguidas para alcançar a visão, da mais simples à mais complexa. Para esta atividade, o tempo pode ficar em torno de 50 minutos. Ao final, o "mapa da visão de futuros" pode ser apresentado aos colegas.

MAPA DA MISSÃO
VISÃO DE FUTUROS

Participantes:

_____

1 Inicie individualmente, pensando em sua visão de futuro desejável.
2 Centralize a visão consolidada no centro do mapa.
3 Defina os apoios que reforçam que a visão seja alcançada.
4 Indique os resultados que serão alcançados com a visão realizada.
5 Descreva os diferenciais da visão.
6 Indique cinco etapas para que a visão possa se tornar real. .

APOIOS

RESULTADOS

ETAPAS PARA QUE A VISÃO SE TORNE REAL

1. _____
2. _____
3. _____
4. _____
5. _____

Estratégia 30
Análise de camadas causais

Tempo da missão: 60 minutos.
Perfil dos tripulantes: Jovens adultos, ambiente corporativo.

Sistema de navegação:

Esta metodologia, criada pelo futurista mundialmente conhecido Sohail Inayatullah, analisa e desafia narrativas e discursos usados para explicar o passado, o presente e o futuro. A ideia é identificar causas, raízes, vieses e preconceitos e os modos como eles podem distorcer nossa visão de futuros sobre temas globais. Muitas narrativas globalmente construídas são polarizadas, e há vários mitos que impactam em temas relacionados à política, à ciência e à sociedade. A análise de camadas causais (CLA) explora as narrativas atuais e possíveis, infiltrando-se em sinais e histórias narradas para sua desconstrução. Ao alterar essas percepções, alteramos também a realidade e o futuro.

O modo de examinar as subestruturas sociais e culturais passa por camadas distintas relacionadas:

1 A queixa ou manchete, que representa a maneira como as tendências e assuntos se tornam públicos.

2 As causas sociais, políticas e econômicas envolvidas, ou seja, a compreensão causal baseada nas instituições.

3 Os discursos que sustentam essa estrutura ou visão de mundo.

4 As histórias, metáforas e mitos que a perpetuam.

Essas camadas podem ser compreendidas como um iceberg e podem ser aprofundadas à medida que refletimos sobre as camadas subjacentes. Embora planejar cenários seja praticado amplamente hoje em diversos contextos organizacionais, esta ferramenta permite ir além, desafiando nosso uso de linguagem e questionando crenças, vieses e paradigmas que possam estar arraigados em nós. Veja as descrições das camadas:

- **Problema:** o que está na superfície e que todos percebemos.
- **Causas:** primeira camada de profundidade (quais fatos aconteceram que nos levaram a esse problema).
- **Perspectiva global:** olhar de forma mais ampla sobre o tema ou problema, como ele acontece em outros países.
- **Mitos e metáforas:** quais as causas raízes e desafiadoras. O que, historicamente, construiu o que somos hoje.

Propósito da missão:

O objetivo principal da ferramenta de análise causal em camadas é fazer os participantes refletirem sobre cenários em uma perspectiva mais profunda, reconhecendo dimensões inacessíveis ou "inconscientes" de práticas e estratégias sociais incorporadas e mascaradas no nosso cotidiano.

Artefatos:

- Para esta atividade, sugere-se o mapa de análise das camadas causais.
- Se possível, disponibilizar etiquetas autoadesivas para os participantes colocarem suas ideias.

Trajeto da missão:

1 Organize os participantes em grupos de 4 a 6 pessoas. Solicite que, no cenário de abordagem do tema, escolham um problema, algo que é visível, que está público e é externo. Pode

ser relacionado à empresa, ao cenário nacional ou global. Por exemplo, temas relacionados à educação, evasão escolar, engajamento dos estudantes, desperdícios de materiais, esg (governança ambiental, social e corporativa, na sigla em inglês para *environmental, social and governance*) etc.

2 Após a escolha do tema, os participantes iniciarão o mapa de análise das camadas causais, seguindo da ponta do iceberg até a base. Para cada uma das etapas, pode-se utilizar um cronômetro indicando 10 minutos. Na etapa do desafio ou manchete, oriente-os a selecionar o que está visível dentro do tema escolhido, por exemplo: "baixo desempenho da aprendizagem escolar no Brasil"; "baixa adesão dos colaboradores nas atividades de trabalhos voluntários". Na segunda camada, os participantes irão relacionar fatos históricos, culturais e sociais que levaram à construção da manchete. Por exemplo: "currículos de licenciatura desatualizados", "educação com foco em indicadores", "pouca valorização de práticas voluntárias na organização". Na terceira camada, os participantes vão pesquisar e discutir a perspectiva global do desafio. Qual o discurso global que sustenta essa cultura? Para tanto, podem ser encontrados documentos, sites, relatórios globais que traduzam o cenário global sobre o tema. Essas referências encontradas na pesquisa devem ser inseridas na terceira camada, à direita. Por fim, a última camada será formada por mitos e metáforas, histórias que revelem as raízes ou causas dos problemas.

3 Após finalizarem o preenchimento do mapa, convide os participantes para apresentá-lo. Nesse momento os demais colegas podem sugerir ou incluir novas ideias no mapa, complementando os cenários.

MAPA DA MISSÃO

ANÁLISE DE CAMADAS CAUSAIS

Participantes:

1 Escolha o problema a ser investigado construindo a manchete.
2 Busque causas e fatos relacionados com o desafio.
3 Encontre argumentos e notícias relacionados ao tema.
4 Indique mitos e crenças que fundamentam o problema.

DESAFIO /
MANCHETE

CAUSAS

PERSPECTIVA
GLOBAL

METÁFORAS
E MITOS

CONSIDERAÇÕES FUTURAS

Ao apresentarmos e explorarmos a Pedagogia de Futuros, descobrimos que sua relevância vai além da mera antecipação de tendências, especulações projetivas ou criação de cenários. Trata-se de uma abordagem transformadora, que busca formar estudantes conscientes, criativos e preparados para enfrentar os desafios do mundo em constante evolução.

Nossa proposta se pautou em uma educação verdadeiramente significativa, pois colocamos o ser humano no centro de suas reflexões e práticas. Reconhecemos a singularidade de cada sujeito e valorizamos a diversidade e a pluralidade como um poderoso recurso para o crescimento coletivo. Uma pedagogia séria não se limita a transmitir conhecimentos, mas estimula a curiosidade, a imaginação e o pensamento crítico dos estudantes.

Por isso, ao longo deste livro, refletimos sobre a importância de cultivar uma visão ética e responsável do futuro, estimulando os estudantes a se tornar agentes de transformação positiva em suas vidas e na sociedade como um todo. Abordamos estratégias que podem auxiliar os educadores e facilitadores na promoção de um letramento de futuros efetivo.

Convidamos você, educador, a abraçar essa abordagem, explorar suas possibilidades e inspirar seus alunos a se tornarem protagonistas de suas próprias histórias e do mundo que os cerca.

E O MAIS IMPORTANTE: que esta obra seja uma inspiração para uma Pedagogia de Futuros autênticos, que valorize o potencial humano, nutra a esperança e contribua para a construção de um futuro promissor para todos. Juntos, podemos cocriar um ambiente educacional transformador, em que cada pessoa se sinta empoderada para moldar seu próprio futuro e colaborar para a construção de um mundo melhor. Sempre!

Que este não seja o fim, mas o começo!

CÁPSULA DO FUTURO AMPLIADA

Neste espaço, propomos materiais inspiracionais para você continuar a estudar o tema e recriar estratégias com outros elementos e recursos disponíveis, tais como livros, música, cinema e sites.

LIVROS QUE EXPLORAM REFERÊNCIAS SOBRE O TEMPO NO IMAGINÁRIO SOCIAL	
LIVRO	**INDICAÇÃO**
Alice no País das Maravilhas, de Lewis Carroll	Há muitas referências ao tempo, especialmente a que inclui o Coelho Branco, que está sempre atrasado.
Os três porquinhos	A história tem uma lição de moral que trata não só da importância do trabalho duro, da perseverança e da prudência, mas também da antecipação e planejamento sobre a interferência futura em suas vidas.
Peter Pan, de J. M. Barrie	Peter é um menino que nunca cresce e vive na Terra do Nunca, onde o tempo não existe.
Cinderela	Na história, Cinderela precisa lidar com a urgência do tempo, já que a magia tem hora para acabar.

O Mágico de Oz, de L Frank Baum	Na jornada de Dorothy em Oz, ela precisa enfrentar muitos desafios para voltar para casa antes que o tempo acabe.
O pequeno príncipe, de Antoine de Saint-Exupéry	Quando o pequeno príncipe fica preso no deserto, ele e o aviador refletem sobre a importância do tempo.
O homem que plantava árvores, de Jean Giono	A história de um homem que passa anos plantando árvores, mostrando uma postura de paciência e perseverança para mudar o mundo.

MÚSICAS QUE EXPLORAM REFERÊNCIAS SOBRE O TEMPO

"Tempo perdido" – Legião Urbana

"O tempo não para" – Cazuza

"Tempo rei" – Gilberto Gil

"Oração do tempo" – Caetano Veloso

"Como nossos pais" – Elis Regina

"Tocando em frente" – Almir Sater

"Tempo de aprender" – Ivan Lins

"Tempo de amor"– Vinicius de Moraes

"Tempo de estio" – Djavan

"O que é, o que é" – Gonzaguinha

"O mundo é um moinho" – Cartola

"Time" – Pink Floyd

"Clocks" – Coldplay

"The Times They Are A-Changin'" – Bob Dylan

"Time After Time" – Cyndi Lauper

"Time in a Bottle" – Jim Croce

"The Long and Winding Road" – The Beatles

"As Time Goes By" – Dooley Wilson

"Time Is on My Side" – The Rolling Stones

"In My Life" – The Beatles

"It's About Time" – John Denver

FILMES E SÉRIES QUE ABORDAM A QUESTÃO DO TEMPO

TÍTULO	DESCRIÇÃO
De volta para o futuro (EUA, 1985, direção de Robert Zemeckis)	Acidentalmente, Marty viaja para os anos 1950 em uma máquina do tempo e precisa fazer seus pais se apaixonarem para ele não deixar de existir.

Click (EUA, 2006, direção de Frank Coraci)	Um homem recebe um controle remoto mágico que lhe permite avançar ou retroceder no tempo, fazendo-o perceber as consequências de suas escolhas.
TimeCop: o guardião do tempo (EUA, 1994, direção de Peter Hyams)	Um policial viaja no tempo para impedir crimes e mudanças na história e decide salvar sua esposa de um ataque fatal.
O curioso caso de Benjamin Button (EUA, 2008, direção de David Fincher)	Um homem nasce com a aparência de um idoso e rejuvenesce ao longo da vida, vivendo uma história de amor incomum.
16 desejos (EUA, 2010, direção de Peter DeLuise)	Uma garota sonha com seu décimo sexto aniversário e faz uma lista de dezesseis desejos. Ao soprar suas dezesseis velas, seus desejos futuros passam a se realizar.
Questão de tempo (Reino Unido, 2013, direção de Richard Curtis)	A história de um homem que tem o poder de voltar no tempo e alterar situações do passado.
O preço do amanhã (EUA, 2011, direção de Andrew Niccol)	Em um futuro próximo, o envelhecimento passou a ser controlado para evitar a superpopulação, tornando o tempo a principal moeda de troca para sobreviver e também obter luxos. Assim, os ricos vivem mais que os pobres, que precisam negociar sua existência, normalmente limitada aos 25 anos de vida.

Sites

- **Association of Professional Futurist:** comunidade global de futuristas dedicada a promover o valor da visão estratégica e dos estudos de futuro em corporações globais, pequenas empresas, consultorias, educação, ongs e governos. Fundada em 2002. Disponível em: .
- **Black Futurists Group:** é uma empresa de inovação em justiça social que usa as políticas públicas, a organização comunitária, o engajamento da mídia e a educação política como ferramentas para construir futuros negros reimaginados, equitativos. O Black Futurists Group trabalha com aqueles que estão nas interseções de identidades culturais, étnicas, sexuais e de gênero em várias comunidades para construir, preservar, melhorar e promover futuros negros reimaginados. Disponível em: https://www.blackfuturistsgroup.com/.
- **Copenhagen Institute for Futures Studies:** fundado em 1969 por iniciativa do ex-ministro das Finanças e secretário-geral

da OCDE, professor Thorkil Kristensen, estabelecido em colaboração com organizações públicas e privadas dinamarquesas, esse instituto sem fins lucrativos é referência na aplicação de métodos e estudos de futuros. Disponível em: *https://cifs.dk/.*

- **Design Futures Initiative:** organização sem fins lucrativos com sede em San Francisco que reúne designers estrategistas, artistas, cientistas e futuristas para facilitar e promover práticas que considerem os desafios e oportunidades éticos, culturais, ambientais, políticos e econômicos de futuros produtos, serviços e sistemas. Disponível em: https://www.futures.design/.

- **Disruptive Futures Institute:** com sede em São Francisco, o instituto promove pesquisas e publicações nas áreas de estratégia de estudos de futuros, pensamento sistêmico, inteligência climática e artificial, inovação e ficção científica com foco na disrupção em um mundo de incertezas. Disponível em: *https://www.disruptivefutures.org/.*

- **Envisioning:** é um instituto de pesquisa que tem por objetivo ajudar empresas e entidades públicas a entender e pensar futuros a partir do desenvolvimento dos recursos tecnológicos. Procura antecipar os desafios do presente para ajudar a prever o futuro, conhecendo as tecnologias emergentes. Disponível em: https://www.envisioning.io/.

- **Future Today Institute:** esse instituto é formado por especialistas e futuristas focados em visão estratégica que assessoram as principais organizações do mundo a compreender e atuar em tempos turbulentos, reduzindo incertezas, identificando ameaças e alavancando tecnologias emergentes. Disponível em: https://futuretodayinstitute.com/.

- **Futurice:** empresa de transformação digital focada em resultados mensuráveis. Tem por objetivo ajudar empresas e organizações a liberar o potencial na criação de impactos positivos. Ajuda a repensar suas formas de trabalhar, concentrando-se em mudanças que melhorem os resultados. Disponível em: https://futurice.com/.

- **Institute for the Future:** fundado, em 1968 como uma organização sem fins lucrativos, é uma organização educacional e de pesquisa sobre futuros que considera o poder da imaginação fundamental para despertar e impulsionar mudanças. Disponível em: https://www.iftf.org/.

- **Instituto Italiano para o Futuro:** fundado em 2013, o instituto é uma organização sem fins lucrativos voltada para pesquisa, treinamento e consultoria no campo de estudos futuros, com foco em atuar na cultura de antecipação, previsão e megatendências na Itália. Disponível em: http://tinyurl.com/ypdbxw4x.

- **School of International Futures:** empresa sem fins lucrativos sediada na Inglaterra que trabalha no aconselhamento de tomadores de decisões em questões estratégicas focadas em futuros. Disponível em: *https://soif.org.uk/*.
- **World Futures Studies Federation:** a Federação Mundial de Estudos do Futuro é parceira consultiva da UNESCO e da ONU. Essa organização não governamental sem fins lucrativos fundada em 1973, com membros de mais de sessenta países, dedica-se a estimular a conscientização sobre a necessidade de pensamento de longo prazo em instituições de diferentes níveis. Disponível em: https://wfsf.org/.

ORÁCULO DE FUTUROS

Navegar pelos conceitos e termos utilizados no campo de Estudos de Futuros pode ser bastante desafiador. Por isso, elaboramos este pequeno glossário com informações necessárias para você seguir em frente.

Alfabetização de futuros

Processo de desenvolvimento de habilidades antecipatórias e imaginativas. Tornar-se fluente em futuros significa adquirir a capacidade de imaginar futuros e de criá-los no presente, transformando a realidade e caminhando em direção a um cenário possível e desejável.

Análise de cenários

Cenários são descrições de caminhos alternativos de desenvolvimento futuro, narrativas que ajudam a explorar possibilidades futuras e a planejar futuros possíveis. O planejamento de cenários utiliza histórias de futuros para desafiar pressupostos e reformular nossas percepções do presente.

Análise STEEP

Processo de análise de fatores que podem influenciar os futuros do objeto de estudo, como forças de mudança, sinais de mudança e tendências. STEEP é um acrônimo para as dimensões: social, tecnológica, econômica, ambiental e política. (Variações: análise PEST ou análise PESTEL, incluindo a dimensão legal.)

Antecipação

Processo de gerar futuros imaginários possíveis com base na compreensão dos caminhos da mudança atuais com o objetivo de gerar ações no presente.

Antropologia antecipatória

É um termo definido por Celina Strzelecka, do departamento de Antropologia Cultural da Universidade de Wroclaw, na Polônia, que trata do processo de estudar e pesquisar o futuro utilizando uma abordagem baseada em métodos etnográficos a fim de explorar cenários futuros e suas implicações para a sociedade e a cultura. Leva em consideração aspectos sociais, culturais e históricos para compreender a reação das pessoas a possíveis situações futuras.

Artefatos de futuro

São objetos, imagens, narrativas ou experiências que representam ou simulam um cenário de futuro possível ou desejável. São protótipos que têm como objetivo provocar reflexão, debate ou ação sobre o presente e o futuro. Os artefatos normalmente são provocações cujo objetivo é gerar discussões sobre como as pessoas reagirão, o que sentirão e como se comportarão no futuro.

Backcasting

Partir de uma visão de futuro "de trás para frente", identificando estratégias e táticas necessárias para alcançá-la, permite identificar oportunidades e obstáculos que poderão surgir à medida que nos movemos em direção ao futuro envisionado.

Black Swan ou Cisne-Negro

Eventos ou fragmentos de conhecimento que estão fora das nossas expectativas usuais e que, portanto, não podem ser previstos. Termo que simboliza a inutilidade de previsões baseadas em experiências passadas.

Cone de futuros

É um modelo ou diagrama que ilustra as diferentes categorias de futuros possíveis, prováveis e preferíveis, com base na probabilidade e na desejabilidade de cada cenário. Pode ser utilizado para ajudar a imaginar cenários futuros em diferentes temas e áreas.

Counter trend

Efeito cascata de uma tendência, seja positiva ou negativa, utilizado em análises de futuros alternativos.

Design de futuros

É uma prática criativa e colaborativa em que os participantes são convidados a imaginar e comunicar futuros alternativos, desafiando as visões dominantes e estimulando a transformação social e ambiental.

Design do invisível

É uma abordagem do design que se concentra na criação de processos, culturas, modelos de negócios e sistemas. É o design daquilo que não podemos ver, das coisas não tangíveis, mas que impactam diretamente a forma como o mundo é construído.

Design especulativo

É uma abordagem do design que produz cenários com a intenção de estimular o debate sobre as tendências futuras, provocando reflexões críticas e

questionamentos sobre as transformações da sociedade e da vida no planeta.

Design fiction

Utiliza elementos da ficção científica para criar cenários por meio de artefatos que representam futuros possíveis, cujo objetivo é explorar as questões sociais, culturais, éticas ou tecnológicas. Baseia-se em narrativas, protótipos e contextos futuros.

Design prospectivo

Uma abordagem do design que visa pensar e projetar a transição para o futuro, expandindo as possibilidades para criar um novo possível. Facilita a proposição de cenários e intervenções que podem produzir transformações nos sistemas sociotécnicos.

Distopia

É um tipo de cenário ou narrativa de futuro com características indesejáveis. Geralmente representa uma sociedade de sofrimento e injustiça. Antítese da utopia, funciona como um alerta ou uma crítica sobre o momento presente.

Estudos de futuros

Campo científico de pesquisa de futuros alternativos que

envolve acadêmicos e pesquisadores. Disciplina composta por um mosaico de abordagens, objetivos e métodos. Tratar de futuros, no plural, significa que o nosso futuro não é predeterminado.

Eremoceno

Termo cunhado pelo biólogo E. O. Wilson para definir a Era da Solidão, caracterizada pelo isolamento existencial e material decorrente da extinção calamitosa de outras formas de vida na Terra.

Forças impulsionadoras de mudança

Chamadas também de "drivers de mudança" ou "motores de mudança", são forças internas ou externas que moldam os desenvolvimentos futuros do objeto de estudo como novas leis, movimentos sociais, inovações tecnológicas e desafios ambientais.

Forecasting

Ato de "prever", projetar e prognosticar tendências de médio e longo prazo, em diferentes áreas, com base na observação de dados de mudança e na análise de informações de diferentes fontes, considerando relevância, riscos e incertezas.

Foresight estratégico

Combinação de metodologias e conceitos de estudos de futuros com gestão estratégica, aplicados de maneira transdisciplinar, a fim de investigar e antecipar mudanças e de criar planejamento de médio e longo prazo.

Futurismo

Uma ampla variedade de abordagens e movimentos na busca por explorar futuros alternativos, incluindo previsões, movimentos científicos, populares e especulações da sociedade.

Futuro preferido

Aquele escolhido, pelo indivíduo, grupo ou organização, dentre o grande conjunto de futuros possíveis.

Futuros alternativos

Pressuposto de que o futuro não é predeterminado e de que existem diversas possibilidades futuras, considerando a incerteza e a complexidade na análise de futuros possíveis, plausíveis ou prováveis.

Futurista

Uma pessoa que se dedica ao estudo ou à especulação sobre o futuro, usando métodos científicos, artísticos ou intuitivos. Pode ser um profissional, um pesquisador ou um entusiasta.

Futurólogo

É um termo alternativo para futurista, mas com uma conotação mais ligada à previsão ou à profecia do futuro. Não é muito usado pelos estudiosos mais críticos do campo.

Futuro ancestral

Propõe uma visão de mundo baseada na valorização das memórias, dos saberes e das tradições dos povos originários e afrodescendentes, que resistiram às violências do colonialismo e do racismo. Trata-se de uma forma de imaginar e construir futuros respeitando a diversidade e a natureza e reconhecendo os saberes construídos ao longo da história pelos povos que nos antecederam.

Futuros

No plural, são as possibilidades de acontecimentos ou condições que podem ocorrer no tempo que está por vir. Compreende-se que o futuro não é uma única possibilidade, mas múltiplos futuros.

Futuros possíveis

São os futuros que podem acontecer, mas não necessariamente vão acontecer. São projetados a partir da imaginação e da criatividade, sem se limitar pelo olhar da probabilidade ou desejo.

Futuros prováveis

São os futuros que têm maior chance de acontecer, com base nas tendências e nos dados disponíveis no presente. Normalmente são baseados na análise e na projeção.

Protopia

Um tipo de cenário futuro caracterizado por condições sociais, políticas ou ambientais positivas, mas não perfeitas, que resultam de melhorias contínuas no presente. Termo cunhado pelo escritor Kevin Kelly para contrapor a utopia e a distopia.

Provótipo

Representação tangível de uma ideia futura que busca estimular a imaginação, promover a discussão e explorar conceitos futuristas. É usado para tornar visíveis conceitos abstratos, permitindo uma compreensão mais profunda das visões e expectativas de um público.

Sinais fracos

São indícios ou evidências de mudanças emergentes ou disruptivas que podem afetar o futuro, mas que ainda são incipientes ou marginais no presente. Usados para identificar tendências e antecipar cenários futuros.

Sinais fortes

Indícios ou evidências de mudanças consolidadas ou dominantes que afetam o presente e o futuro, mas que estão em transformação, ou seja, ainda podem evoluir ou mudar.

Utopia

Um tipo de cenário futuro caracterizado por condições sociais, políticas ou ambientais ideais, perfeitas ou desejáveis. Geralmente o termo é usado como uma forma de inspiração ou aspiração sobre o presente, projetando um mundo ideal.

REFERÊNCIAS

ADA Lovelace Festival 2022: Monika Bielskyte – The Metaverse: Extending realities, 2022. 1 vídeo (29 min 17 s). Publicado pelo canal ada Learning. Disponível em: https://www.youtube.com/watch?v=RAgUlr9zbjQ&t=42s. Acesso em: 21 jul. 2023.

ARAÚJO, L. G. *Fronteiras planetárias no Antropoceno*: sociedade, meio ambiente e cidadania em tempos de pandemia, [2023]. Disponível em: https://openaccess.blucher.com.br/download-pdf/582/23527. Acesso em: 21 jul. 2023.

BELL, Wendell. *An overview of futures studies*. September 1996. Disponível em: https://www.researchgate.net/publication/265186494. Acesso em: 6 fev. 2024.

BERGER, G. A atitude prospectiva. *Parcerias estratégicas*, n. 19, 2004. Disponível em: http://www.acisap.com.br/imagens/biblioteca/A%20atitude%20Prospectiva%20Gaston%20Berger.pdf. Acesso em: 21 jul. 2023.

BOFF, L. *Casamento entre o céu e a terra*: contos dos povos indígenas do Brasil. São Paulo: Planeta, 2021.

BOYD, J.; ZIMBARDO, P. *O paradoxo do tempo*. São Paulo: Fontanar, 2009.

BUCHANAN, R. Declaration by design: argument, and demonstration in design practice. *In*: MARGOLIN, V. (org.). *Design discourse*: history, theory, criticism. London & Chicago: The University of Chicago Press, 1989.

BUETTNER, D. *Zonas azuis*: a solução para comer e viver como os povos mais saudáveis do planeta. São Paulo: Versos, 2018.

BUOLAMWINI, J. *Como eu luto contra o preconceito em algoritmos*. TED, [2023]. Disponível em https://www.ted.com/talks/joy_buolamwini_how_i_m_fighting_bias_in_algorithms?language=pt. Acesso em: 21 jul. 2023.

DAROS, T. *Mentalidade criativa*: preparando estudantes para serem inovadores e resolutivos. Porto Alegre: Penso, 2023.

DAROS, T. *Sala de aula digital*: estratégias pedagógicas para o aprendizado ativo, on-line e híbrido. Porto Alegre: Penso, 2021.

DRUMMOND DE ANDRADE, C. A verdade dividida. *In: Contos plausíveis*. São Paulo: Companhia das Letras, 2012.

DRUMMOND DE ANDRADE, C. *Poesia completa*. Rio de Janeiro: Nova Aguilar, 2002.

DUNNE, A.; RABY, F. *Speculative everything*: design, fiction, and social dreaming. MA: MIT Press, 2013.

DUTRA, R. *Enviesados*: psicologia e vieses cognitivos no design para criar produtos e serviços que ajudam usuários a tomarem melhores decisões. São Paulo: Clube de Autores, 2022.

EPMD. *An unresolved mapping of speculative design*. [2023]. Disponível em: https://epmid.com/Mapping-Speculative-Design. Acesso em: 21 jul. 2023.

FÓRUM ECONÔMICO MUNDIAL. *Estas 4 habilidades podem tornar o mundo melhor após o covid-19*. WeForum, 2020. Disponível em https://www.weforum.org/agenda/2020/08/the-four-skills-to-make-the-world-better-after-covid-19/. Acesso em: 21 jul. 2023.

FÓRUM ECONÔMICO MUNDIAL. *Relatório de riscos globais 2023*. WeForum, 2023. Disponível em: https://www3.weforum.org/docs/WEF_Global_Risks_Report_2023.pdf. Acesso em: 21 jul. 2023.

FREIRE, P. *Pedagogia da esperança*: um reencontro com a pedagogia do oprimido. São Paulo: Paz e Terra, 2002.

FUHR, C. A ciberarquitetura como ferramenta para a transformação da sala de aula. *Revista Educação, Sociedade & Culturas*, v. 50, p. 147-160, 2019.

FRIEDMAN, T. L. *Obrigado pelo atraso*: um guia otimista para sobreviver em um mundo cada vez mais veloz. Tradução de Cláudio Figueiredo. Rio de Janeiro: Objetiva, 2017.

GAARDER, J. *O mundo de Sofia*. São Paulo: Companhia das Letras, 2016.

GIRARDIN, F. *Design fiction*: a strategic approach to innovation. MIT Press, 2019.

GRAY, D.; BROWN, S.; MACANUFO, J. *Gamestorming*: a playbook for innovators, rulebreakers, and changemakers. Sebastopol, CA: O'Reilly Media, 2010.

HANNAN, R. *Why we shouldn't use war metaphors to talk about healthcare*. Thersa, 2020. Disponível em: https://www.thersa.org/blog/2020/05/war-language-healthcare. Acesso em: 21 jul. 2023.

HEINOMEN, S.; HILTUNEN, E. *Creative foresight space and the futures window*: using visual weak signals to enhance anticipation and innovation. 2012. Disponível em https://www.researchgate.net/publication/251724958_Creative_Foresight_Space_and_the_Futures_Window_Using_visual_weak_signals_to_enhance_anticipation_and_innovation. Acesso em: 21 jul. 2023.

HEINONEN, J.; HILTUNEN, M. *The change curve*: a guide to understanding and managing change. John Wiley & Sons, 2012.

HEROLD, C. *Vivid vision*: a remarkable tool for aligning your business around a shared vision of the future. Lioncrest Publishing, 2018.

HUIZINGA, J. *Homo ludens*: o jogo como elemento da cultura. Tradução de João Paulo Monteiro. São Paulo: Perspectiva, 2007.

INTELIGÊNCIA artificial nas escolas: estudo aponta ferramentas que serão usadas até 2030. *SESI*, 2019. Disponível em: https://www.ap.sesi.org.br/noticias/inteligencia-artificial-nas-escolas-estudo-aponta-ferramentas-que-serao-usadas-ate-2030.html. Acesso em: 21 jul. 2023.

KIT de jardim hidropônico inteligente com sistema de cultivo hidropônico interno Micro Green Ecosphere atualizado com LED Grow Light para ervas, abobrinhas, pimenta de tomate, 40 polegadas, 7 litros. *Amazon*, [2023]. Disponível em: https://www.amazon.de/-/en/Updated-Hydroponic-Growing-Ecosphere-Courgettes/dp/B09BYJKSK4. Acesso em: 20 jul. 2023.

KLOPPER, P. 10 anos de iPhone: que tal relembrar algumas reações de quando o aparelho foi anunciado? *MacMagazine*, 2017. Disponível em: https://macmagazine.com.br/post/2017/01/10/10-anos-de-iphone-que-tal-relembrar-algumas-reacoes-de-quando-o-aparelho-foi-anunciado/. Acesso em: 21 jul. 2023.

KRENAK, A. *Futuro ancestral*. Organização de Rita Carelli. São Paulo: Companhia das Letras, 2022.

KRZNARIC, R. *Como ser um bom ancestral*: a arte de pensar o futuro num mundo imediatista. Rio de Janeiro: Zahar, 2021.

LARSEN, J. O futuro da educação: uma visão para o século 21. London: Routledge, 2020.

LAYNG, K. A sala de aula AR do futuro. *Future Reality Lab*, [2023]. Disponível em: https://frl.nyu.edu/the-ar-classroom-of-the-future/. Acesso em: 25 jul. 2023.

LEIA frases de Margaret Thatcher. G1, 2013. Disponível em: https://g1.globo.com/mundo/noticia/2013/04/leia-frases-de-margaret-thatcher.html. Acesso em: 21 jul. 2023.

MACY, J. *Esperança ativa*: como encarar o caos em que vivemos sem enlouquecer. Rio de Janeiro, Bambual, 2020.

MILLER, R. *Transforming the future*: anticipation in the 21st century. Paris: UNESCO, 2018.

NÓVOA, A. *Professores libertar o futuro*. São Paulo: Diálogos, 2023.

OCDE. Para além da aprendizagem acadêmica. *Instituto Ayrton Senna*, 2022. Disponível em: http://ias-institucional-hml.s3.amazonaws.com/app/uploads/2022/11/29235015/OCDE-REPORT-Portugues-27-04-22-1.pdf?_ga=2.251099078.1194322112.1686928130-1086727985.1681172025. Acesso em: 21 jul. 2023.

ORWELL. G. 1984. São Paulo: Companhia das Letras, 2009.

PAIS, A. Nove limites mantêm equilíbrio da Terra; veja 4 já ultrapassados. *BBC News Mundo*, 2021. Disponível em: https://www.bbc.com/portuguese/geral-59214427. Acesso em: 21 jul. 2023.

PHIL Balagtas: Speculative Design, Strategic Foresight & Futurism, 2020. 1 vídeo (27 min.). Publicado pelo canal UX Academy – London. Disponível em: https://www.youtube.com/watch?v=wNQVwSzBtvQ. Acesso em: 21 jul. 2023.

PROSERPIO, J. *O poder do design*. São Paulo: Echos, 2023.

QUEIROZ, Christina. Profissão docente em risco. *Revista Pesquisa Fapesp*, 2023. Disponível em: https://revistapesquisa.fapesp.br/profissao-docente-em-risco/. Acesso em 23 jan. 2024.

ROSSI, Amanda. População do Brasil tem o menor aumento da história, aponta prévia do Censo. UOL, 2023. Disponível em: https://noticias.uol.com.br/cotidiano/ultimas-noticias/2023/01/04/populacao-do-brasil-tem-menor-aumento-da-historia-aponta-previa-do-censo.htm. Acesso em: 21 jul. 2023.

RUHA Benjamin discusses 'Race After Technology, 2020. 1 vídeo (3 min 16 s). Publicado pelo canal Princeton University. Disponível em: https://www.youtube.com/watch?v=rY8RkET3KCO. Acesso em: 21 jul. 2023.

SCHAEFER, M. América invertida: o mapa de ponta-cabeça. *Teoria do Design*, 2022. Disponível em: https://teoriadodesign.com/america-invertida-o-mapa-de-ponta-cabeca/. Acesso em: 21 jul. 2023.

SCHLOCHAUER, C. *Lifelong learners*: o poder do aprendizado contínuo. Aprenda a aprender e mantenha-se relevante em um mundo repleto de mudanças. São Paulo: Gente, 2021.

SIMON, H. *The sciences of the artificial*. [1969]. 3. ed. Cambridge: Massachusetts: MIT Press, 1996.

THE DEATH CLOCK. *O Relógio da Morte*. Site, [2023]. Disponível em: http://deathclock.com/. Acesso em: 20 jul. 2023.

THE PUBLIC DOMAIN REVIEW. *A 19th-century vision of the year 2000*. [2023]. Disponível em: https://publicdomainreview.org/collection/a-19th-century-vision-of-the-year-2000. Acesso em: 21 jul. 2023.

TOMELIN, J. Prefácio. *In*: DAROS, T.; CAMARGO, F. *Sala de aula digital*: estratégias pedagógicas para o aprendizado ativo, online e híbrido. Porto Alegre: Penso, 2022.

UNESCO. *Alfabetização de futuros*: uma competência essencial para o século XXI. [2023]. Disponível em: https://en.unesco.org/futuresliteracy/about. Acesso em: 21 jul. 2023.

UNESCO. *Reimaginar nossos futuros juntos*: um novo contrato social para a educação. Brasília: Comissão Internacional sobre os Futuros da Educação, UNESCO; Boadilla del Monte: Fundación SM, 2022. Disponível em: https://unesdoc.unesco.org/ark:/48223/pf0000381115. Acesso em: 21 jul. 2023.

UNICEF. *The changing childhood project*. 2021. Disponível em https://changingchildhood.unicef.org/. Acesso em: 21 jul. 2023.

VOROS, J. *Cone de futuros, uso e história*. 2017. Disponível em https://thevoroscope.com/2017/02/24/the-futures-cone-use-and-history/. Acesso em: 21 jul. 2023.